ÉLOGE

DE

MICHEL DE MONTAIGNE.

DE L'IMPRIMERIE DE FIRMIN DIDOT,
IMPRIMEUR DE L'INSTITUT, ET GRAVEUR DE L'IMPRIMERIE
IMPÉRIALE, RUE JACOB, N° 24.

ÉLOGE

DE

MICHEL DE MONTAIGNE,

PAR

MARIE J. J. VICTORIN-FABRE.

Tout le monde me reconnaît en mon livre, et mon livre en moi.

MONT. liv. III, chap. 5.

A PARIS,

CHEZ MARADAN, LIBRAIRE,

RUE DES GRANDS-AUGUSTINS, N° 9.

1812.

ÉLOGE

DE MONTAIGNE (a).

*Tout le monde me reconnaît en mon livre,
et mon livre en moi.*

MONT. liv. III, chap. 5.

Sɪ jamais un écrivain a tracé d'avance à ses panégyristes la route qu'ils devaient tenir, sans leur laisser le choix d'en prendre une autre, c'est à-coup-sûr le philosophe qui fait le sujet de ce discours. Il est lui-même *l'argument et la matière* de son livre : ou plutôt, vous dira-t-il, dans ce style plein d'images qui colore et anime tout, ce n'est point un livre que je compose ; c'est moi que je représente ; c'est ma *statue que je dresse*, non dans une place publique ou dans le parvis d'un temple, mais dans la bibliothèque d'un voisin ou d'un ami qui, fidèle à ma mé-

---

(a) Prononcez Montagne, comme Espagne, accompagne, etc., qu'on écrivait aussi accompaigne et Espaigne, de même que Saint-Michel-de-Montagne, bourg de l'ancien diocèse de Périgueux, près duquel notre philosophe avait son château, et dont sa famille portait le nom.

moire, lorsque je ne serai plus, goûtera quelque plaisir à me retrouver dans cette image (*a*).

Qui de nous, Messieurs, n'a pas été ce voisin, cet ami fidèle ? Qui de nous ne s'est plu souvent à fréquenter le philosophe, à l'entretenir dans cette image qui lui ressemble si bien ? Rendons encore aujourd'hui ce commerce plus étroit, cet entretien plus intime : apprenons de lui-même à le connaître ; nous l'aurons assez loué. En devenant son historien, il a devancé son panégyriste ; en n'ayant pour but que de se peindre, il ne nous a pas permis d'avoir d'autre but que le sien.

Mais ici se présentent des considérations d'un ordre plus élevé. Montaigne, en se peignant lui-même, dévoila le cœur humain : et ce portrait d'un seul homme, où chacun s'est reconnu, est encor de nos jours celui de tous les hommes. Par quel heureux concours de circonstances, par quelle chaîne d'idées, ce moraliste ingénieux qui, sans nous cacher ses vertus, nous confia ses faiblesses, est-il parvenu à nous connaître, ou à nous deviner tous, en se rendant compte de soi-même ? Parmi tant de révélations,

---

(*a*) « Je ne dresse pas ici une statue à planter au carrefour d'une ville, ou dans une église ou place publique : c'est pour le coin d'une librairie, et pour en amuser un voisin, un parent, un ami qui aura plaisir à me racointer et repratiquer en cette image. » (Livre II, chapitre 18. *Du Démentir.*)

c'est le seul secret qu'il nous taise. Et le seul éloge de lui qu'il nous ait laissé à faire est d'achever de le peindre en divulguant ce secret.

Loin donc de nous borner à exposer les principes de sa philosophie morale, cherchons à découvrir comment l'observation, l'expérience, les ont tour-à-tour fait naître dans sa conscience et dans sa raison : suivons, à travers ses actions et les événemens de sa vie, la marche secrète de ses pensées (a) : apprenons par son exemple, quelle est, ou quelle devrait être la marche de l'esprit humain dans l'étude de l'homme moral.

Ainsi, nous puiserons d'abord dans l'ouvrage de Montaigne une connaissance intime de l'auteur ; nous prendrons ensuite l'auteur pour interpréte de l'ouvrage (b): son caractère expliquera

---

(a) *Secrète* quelquefois pour lui-même , mais à coup-sûr très-rarement, car il s'en est presque toujours rendu compte. C'est-là ce qu'on peut nommer les *études*, ou si l'on veut, l'éducation philosophique de Montaigne. Cette éducation est *celle des choses* , comme l'a dit l'auteur d'Emile ; *c'est l'acquis de notre propre expérience sur les objets qui nous affectent :* genre d'instruction le plus nécessaire à un moraliste, et dont Montaigne, le premier, a si bien établi l'importance, parce qu'il en avait recueilli tous les fruits.

(b) Ce plan est, comme on l'a vu, tracé, ou si l'on veut, prescrit par Montaigne lui-même. S'il est le sujet de son livre, si ce livre est *sa statue*, il faut, pour trouver l'auteur, le chercher dans son ouvrage; il faut pour juger l'ouvrage, le confronter avec l'auteur. Ces deux parties de son *Eloge*, dont

son talent, sa conduite éclaircira sa doctrine ; la gloire de ses disciples, et les progrès de l'esprit humain, rendront témoignage à son influence.

La destinée qui le fit naître sous le règne du pédantisme et de la superstition , semblait enchaîner à-la-fois sa raison et sa conscience au joug de l'opinion et de l'autorité (*a*). La nature, qui le doua de cette indépendance d'esprit que donne le caractère, et que fortifie la réflexion, l'avertissait que l'opinion égare souvent la conscience, et

---

il a fourni la division, doivent, à cet égard, rentrer l'une dans l'autre, en prouvant ce qu'il affirme, qu'*on le reconnaît dans son livre comme on reconnaît son livre dans lui.*

Voyez, sur la manière dont on a cru devoir envisager ce sujet, la première des *notes* placées à la suite du Discours.

(*a*) Il est inutile d'avertir du sens que j'attache à ce mot. Employé, comme il l'est ici, sans épithète, dans des sujets de littérature et de philosophie, il ne s'entend jamais que des *autorités scholastiques.* C'était sur-tout, à cette époque, l'autorité d'Aristote, ou plutôt de ses commentateurs. Ce grand homme revêtu, au mépris de ses propres maximes, d'une dictature universelle ; outragé, ou si l'on veut, honoré par un culte exclusif, avait par-tout des sectateurs qui prêchaient leur doctrine avec intolérance ; dont le dogme fondamental était que le philosophe de Stagire avait *tout vu et tout dit :* et, comme on raconte des rois de Perse qu'ils s'engageaient par serment à ne boire que de l'eau d'un seul fleuve, il semblait que ces apôtres du *Dieu de la doctrine moderne,* eussent unanimement juré de ne reconnaître et de ne puiser que dans les écrits d'un seul homme, la science et la vérité.

l'instruisait que l'évidence est la seule autorité qui n'égare jamais la raison. Ainsi son siècle et son génie le poussaient en sens contraire. Mais il vit les mœurs de ses contemporains, et il se défia de leurs maximes. Les vanités de l'étude, les illusions du savoir, les préjugés de la philosophie, cessèrent de l'éblouir : il ne trouva plus dans la folle sagesse d'un peuple corrompu avant d'être éclairé, que des opinions sans principes, de l'érudition sans lumières, de la dialectique sans raison. Dès-lors se repliant sur lui-même, il cherche la vérité dans les leçons de l'expérience; dans sa conscience, ses devoirs; et la morale publique, dans les relations des hommes réunis en corps social. Le voilà dans la carrière où l'appelait la nature.

Elle le pourvoit, dès l'entrée, de guides bien sûrs lorsqu'ils sont réunis, et qu'ils ne marchent jamais qu'ensemble : elle lui donne, d'un côté, cette imagination active et ce besoin d'émotions qui portent l'homme à tout voir, à tout éprouver, à tout sentir : de l'autre, ce penchant à la méditation, qui, devenant par degrés une habitude, force notre ame et notre esprit à s'interroger eux-mêmes; travaille sur les impressions reçues; transforme les sensations en idées, et les souvenirs en expérience.

Tels sont les guides de Montaigne : il leur obéit même sans le savoir; leur secrète impulsion le dirige, même pendant la fougue et malgré les écarts d'une jeunesse ardente, qui fut donnée aux passions, sans être perdue pour la sagesse. Voulez-vous en avoir la preuve? Suivez-le dans un cercle, ou plutôt dans une partie de plaisir, et, pour me servir de ses paroles, *parmi les dames et les jeux* (a).... Comme il se livre tout entier aux séductions qui l'environnent ! Son imagination sensible et passionnée vole au-devant des émotions : son geste, sa voix, ses regards peignent l'alégresse, et l'inspirent !.... Tout-à-coup quel changement ! Tandis qu'une gaîté bruyante éclate et circule autour de lui, que fait-il lui seul? il rêve : il est soudainement saisi par le souvenir de je ne sais quel homme *surpris, les jours précédens, d'une fièvre chaude et de sa fin, au partir d'une fête pareille* (b) : et le voilà qui médite sur la destinée

---

(a) Toutes les expressions, tous les membres de phrase qui sont imprimés en *caractères italiques,* et dont l'auteur ne se trouve pas indiqué au bas de la page, sont de Montaigne lui-même. On ne s'est permis dans ces phrases soulignées que les changemens tout-à-fait indispensables.

(b) *Je suis de moi-même non mélancholique, mais songe-creux : il n'est rien de quoi je me sois dès toujours plus entretenu que des imaginations de la mort; voire en la saison la plus licencieuse de mon âge, parmi les dames et les jeux. Tel me pensait empêché à digérer à part moi quelque jalousie, ou l'incertitude de quelque espérance, cependant que je m'entretenais de je ne sais qui, surpris les jours précédens d'une fièvre chaude et de sa fin, au partir d'une fête pareille, et la tête pleine d'oisiveté, d'amour et de bon temps, comme*

qui l'attend, qui le menace peut-être, sur les illusions des hommes, sur l'incertitude de la vie. Il fortifie, il retrempe son cœur, amolli par les plaisirs, dans ces méditations austères : il s'exerce à ne pas redouter de perdre la seule *chose qui, une fois perdue, ne saurait être regrettée* ; et, conduit ainsi par degrés à cette maxime stoïque : Il n'y a point de mal dans la vie pour qui ne trouve point que la mort soit un mal, il en verra découler cette morale des sages et des héros, que par son indifférence à la vie et à la mort, notre ame se rend *maîtresse de ses passions*, maîtresse *de l'indigence* et des injures du sort ; que le mépris du cercueil peut seul faire un homme libre ; puisque enfin, ni les poignards d'une populace effrénée, ni les bûchers des inquisiteurs, ni les glaives des tyrans, n'ont de prise sur un homme qui regarde son trépas comme une chose étrangère à son être, *ne le concernant ni mort ni vif* : *vif, parce qu'il est encore ; mort, parce qu'il n'est plus.* Certes ! nous voilà bien loin *des joyeuses équipées* de quelques jeunes libertins ! Mais aussi voilà, je pense, la raison et le génie pris sur le fait, et la marche secrète d'une tête pensante, mise, par cet exemple, à découvert.

A ce trait seul on connaîtrait la trempe et le

---

moi, et qu'autant m'en pendait à l'oreille ; et je ne ridais non plus le front de ce pensement-là que d'un autre. (Montaigne, livre Ier, chap. 19.)

genre d'esprit de Montaigne : mais, pour mieux les connaître encore, observons le philosophe dans des circonstances tout opposées. Des jours brillans de sa jeunesse, je passe au déclin de son âge ; je le surprends à l'improviste dans les atroces douleurs de la pierre, quand la violence du mal l'entraîne, par secousses, vers la tombe qui s'ouvre, et menace de l'engloutir. Me trouvant là, me dit-il, *je considère par quelles causes l'imagination nourrit en moi le regret de la vie....* Un vase, un livre, un tableau, tout enfin *tient compte dans ma perte ; à d'autres, leur coffre-fort, leurs ambitieuses espérances.* Sont-ils plus sages que moi?—Il serait superflu, sans doute, de montrer encore ici les conséquences de semblables réflexions ; c'est assez de l'avoir fait une fois. Mais si vous rencontrez un homme qui sache tirer un tel parti de ses souffrances et de ses plaisirs ; qui sache ainsi, à chaque événement, se ramener en soi-même, et s'y entretenir avec ses sensations, accordez-lui le sens droit et la force d'imagination qu'une pareille science suppose ; et si jamais il écrit sur la nature de l'homme, sur son orgueil, sur ses faiblesses, sur ses erreurs, sur ses devoirs, ne cherchez point ailleurs un grand moraliste : vous l'avez trouvé.

Cependant ne croyons pas que l'observateur philosophe, pour fouiller tous les replis, parcourir tous les détours de l'esprit et du cœur humains, n'ait qu'à rentrer, disons mieux, à pénétrer en lui-

même. Quiconque sait bien se connaître, je l'a-
voue, saura connaître aussi les autres, ou les deviner au besoin. Mais, pour se deviner soi-même,
il faut savoir quelquefois s'étudier dans autrui.
De-là l'utilité du commerce des hommes et celle
des voyages; j'ai presque dit leur nécessité (a). Le
spectacle de l'univers et des sociétés humaines,
en agitant la pensée, la féconde, et l'agrandit en
l'éclairant. Nos relations morales s'étendent, se
multiplient avec nos idées : la patrie du sage est
par-tout où sa raison peut s'instruire; et l'ami de
l'humanité doit répandre ses affections sur toute
la famille des hommes. Socrate, interrogé d'où
il était, répondit, non d'Athènes, mais : *du
monde.*

Si Montaigne, interrogé comme Socrate, eût
fait la même réponse, je n'en serais pas surpris.
Exempt des préjugés nationaux, il n'est étranger
nulle part : *spectateur de la vie des autres pour
en juger et régler la sienne,* il se plaît à voir changer les décorations, les acteurs; et voyager n'est

---

(a) Il n'est pas moins certain, pour cela, que l'habitude de
réfléchir, *telle que nous venons de l'observer dans Montaigne,*
suffit pour révéler le grand moraliste. Pourquoi ? parce qu'elle
annonce tout le reste. Faites l'application de ce principe à notre
objet particulier, qui est en ce moment la fréquentation du
monde et les voyages ; vous trouverez que *la force* et l'activité
d'imagination qu'une telle habitude suppose doit en inspirer
le desir, et que *le sens droit* qu'elle exige, doit en faire sentir
l'utilité.

pour lui que varier le spectacle. Aussi voyage-t-il comme il doit un jour écrire (*a*), sans se tracer *de ligne certaine ni droite ni courbe* (*b*); où qu'il aille, peu lui importe, il sera toujours sur *son chemin* (*c*). *La variété seule le paye, et la pos-*

(*a*) On ne connaît généralement des voyages de Montaigne que le dernier, celui qu'il fit en Italie, dans les années 1580, 1581, et dont il laissa un *journal* informe, publié par M. de Querlon, en 1774. Mais Montaigne nous apprend lui-même qu'il avait passé, dès sa jeunesse, une grande partie de son temps en *pérégrinations*. Les deux premiers livres des *Essais* furent imprimés avant l'époque de ce voyage en Italie; cependant l'auteur y rend compte des réflexions profondes ou piquantes que ses voyages lui ont suggérées : et, ce qui ne permet plus aucun doute, le 16e chapitre du Ier livre commence dans toutes les éditions que j'ai eues sous les yeux, par ces paroles, qu'il serait superflu de commenter :

« *J'observe en mes voyages cette pratique, pour apprendre toujours quelque chose par la communication d'autrui, (qui est une des plus belles écoles qui puisse être), de ramener toujours ceux avec qui je confère, au propos des choses qu'ils savent le mieux*, etc. Enfin, pour n'ajouter qu'une seule remarque entre mille que le sujet pourrait fournir, l'admirable chapitre *De l'Institution des Enfans*, (que renferme aussi le premier livre), est en grande partie consacré à établir l'utilité morale des voyages, qu'il faudrait, suivant le philosophe, entreprendre dès l'enfance : et les raisons qu'il en donne, fondées sur sa propre expérience, et sur des observations qui n'appartiennent qu'à lui, suffiraient pour montrer quel fruit il avait su tirer lui-même des voyages, long-temps avant cette époque où l'on croit, faute d'examen, qu'il a commencé de voyager.

(*b*) Essais, liv. III, chap. 9, *De la Vanité.*

(*c*) Liv. III.

session de la diversité. Il marche *avec desir et allégresse* (*a*) à la rencontre des mœurs, des coutumes étrangères : nous leur *tendons les griffes* (*b*) : il leur ouvre les bras. *La plupart ne prennent,* dit-il, *l'aller que pour le venir :* ils voyagent couverts et enveloppés *d'une prudence taciturne,* comme pour se préserver *de la contagion d'un air inconnu* (*c*). Quant à lui, qui n'a point cette rare prudence de courir ainsi le monde sans sortir de ses préjugés et sans perdre de vue son village, ce qu'on évite si bien est précisément ce qu'il cherche ; il ne veut que respirer *cet air inconnu,* observer de nouveaux objets, se familiariser avec d'autres usages, ou, comme il dit, « frotter et limer sa cervelle contre la cervelle d'autrui (*d*). »

Dans ces grands tableaux de l'homme et de la société, dans cette diversité infinie de croyances et d'actions, de folie et de sagesse, de vices et de vertus, il rencontre assez d'exemples pour s'expliquer les maximes, pour refaire de lui-même les observations morales des sages de tous les temps. Ainsi se développe par degrés dans son esprit et dans sa conscience, une philosophie toute expérimentale : et c'est là seulement la vraie philosophie.

(*a*) *Journal du Voyage de Montaigne en Italie,* etc.
(*b*) Essais, liv. III, chap. 8, *De l'art de conférer.*
(*c*) Chap. 9.
(*d*) Liv. Ier, chap. 25, *De l'Institution des Enfans.*

Mais que dis-je ? suffit-il pour connaître d'observer, et d'observer en plein théâtre ? suffit-il de paraître en spectateur à ce grand drame du monde où les hommes ne se montrent plus qu'avec leurs habits, leurs discours, leurs opinions de parade ; comme un docteur, à l'heure marquée, compose son maintien, son geste, et monte en chaire, pour débiter à l'auditoire la morale de Saint-Augustin ?

Non, certes ! il n'est pas si facile de parvenir à juger, à démasquer les acteurs de cette vaste comédie ! Pour découvrir ce qu'ils sont à travers ce qu'ils veulent paraître, il faut les voir derrière la scène, dépouillés de leur jargon et de leurs physionomies de théâtre. Il faut entrer dans leur confidence, c'est-à-dire, leur devenir nécessaire : pénétrer leur intérieur, c'est-à-dire, se trouver mêlé dans leurs intérêts. Vivre dans le monde en simple observateur, observer avec fruit sans agir, est une prétention vaine. L'homme qui vivrait ainsi passerait à-coup-sûr pour un ange, s'il ne passait point pour un ours ; mais il n'aurait ni familiarité ni confidences à espérer de personne. Que peut-on avoir à dire à celui qui n'est bon à rien ? Quel profit retirer de l'inaction d'un sage ? Inutile, on l'oublieroit ; importun, on fuirait son approche : seul, et toujours grimpé sur son observatoire, il ne connaîtrait les hommes qu'en place publique, et les femmes qu'en habit de bal. Que saurait-il donc ? Ce qui se montre :

et qu'ignorerait-il ? Ce qui se cache. Ne voilà-t-il pas un philosophe bien instruit !

Oh ! que ce n'est pas ainsi qu'observe notre moraliste ! Remplissant un rôle actif dans toutes les situations de la vie, il est éclairé par ce qu'il éprouve sur ce qu'il ne fait qu'apercevoir. Peignons-le donc en action : et, pour mieux juger en lui l'homme, le citoyen et le philosophe, attachons-nous à découvrir dans sa morale, et dans les idées qu'il nous donne du monde, quels furent les fruits ou les résultats du rôle qu'il y avait lui-même joué.

La destinée, plutôt que son inclination, nous le fait voir d'abord assis parmi les interprétes des lois (*a*). Revêtu de l'honorable et pénible fonction de dispenser la justice, qu'aperçoit-il dans son sanctuaire ? des Français du seizième siècle cherchant leurs devoirs et leurs droits dans les usages des Francs ou des Bourguignons ; des sujets de Charles IX soumis aux législateurs romains de Constantinople ; et tout ce qui portait alors ce beau titre de législation , Décrets latins et gothiques, Droit féodal, Droit canon, Ordonnances et Coutumes, Code immense et incohérent, *qui*

(*a*) Je voudrais pouvoir dire seulement leurs organes ; car interpréter la loi, c'est la détruire ; et le ministre en devient le tyran dès qu'il cesse d'en être l'esclave.

Voyez les développemens donnés à ce passage dans les *Notes* qui suivent ce discours.

suffirait à régir tous les mondes d'Epicure (a), adopté en partie dans une province, rejeté en partie dans une autre, rendant licite au nord d'une montagne ce qui devient illégitime au midi ; et ne laissant quelquefois entre le juste et l'injuste, entre ce que la loi permet et ce qu'elle défend, que le trajet d'une rivière, ou les terres d'un château.

O confusion ! ô désordre effrayant pour un magistrat, plus effrayant pour un philosophe qui voit la morale publique flotter dans l'incertitude avec la jurisprudence, se contredire et changer avec la législation ! Eh quoi ! se demande Montaigne, les sublimes notions de l'ordre et de l'équité seraient-elles donc sujettes à l'interprétation et au changement ? Sont-elles subordonnées à des démarcations de provinces ? En approfondissant ces réflexions, il découvre avec douleur que les objets sur lesquels il importe le plus aux hommes de s'entendre, sont précisément ceux-mêmes sur lesquels ils s'accordent le moins. N'y aurait-il dans l'esprit humain de stable que l'instabilité, de certain que l'incertitude (b) ?

Ici commence pour Montaigne un nouvel ordre

(a) *Nous avons en France plus de lois que tout le reste du monde ensemble, et plus qu'il n'en faudrait à régler tous les mondes d'Epicurus....* (Liv. III, chap. 13, *De l'Expérience.*)

(b) *Solum certum nihil esse certi, et homine nihil miserius aut superbius.* (Plin. Hist. Nat. Lib. II, cap. 7.)

d'idées. Il n'avait appris jusqu'alors qu'à se défier de l'usage, et à se tenir en garde contre les surprises de l'opinion. Maintenant je vois se former, se développer dans son esprit, cette profonde défiance de la raison, qui ajoute aux forces de la raison même; germe fécond, premier principe d'une philosophie hardie qui, dépouillée de l'exagération dont son auteur n'a point su se défendre, apprendrait à l'intelligence humaine à se connaître et à se juger, humilierait son audace pour ajouter à sa grandeur, affermirait sa marche en limitant ou plutôt en circonscrivant sa carrière, et nous rendrait en succès véritables ce qu'elle nous ferait perdre en illusions.

C'était ainsi que Montaigne, écrivain philosophe, s'instruisait d'avance à l'école de Montaigne magistrat. On ne peut ici méconnaître un grand progrès de sa raison. Mais n'y trouve-t-on pas encore un témoignage éclatant de ses affections morales? Condamné par état peut-être, porté par esprit de corps, à la sévérité; ministre des lois en des temps malheureux de discordes civiles et religieuses, où le législateur prenait inspection, non plus seulement sur la conduite, mais sur la pensée des citoyens; où la vengeance des lois faisait monter à l'échafaud, non plus les délits seuls, mais les opinions (a); ni les préjugés

____

(a) Il est clair qu'à une telle époque, l'homme le plus humain, s'il était magistrat, et Montaigne lui-même comme

de son état n'ont triomphé de ses principes, ni les clameurs de son siècle n'ont fait taire dans son ame la sainte voix de l'humanité. Il n'a vu dans cette *justice* oppressive et passionnée, dans ses formes ténébreuses, dans ses résultats cruels, que des *lois monstrueuses et barbares* (a), et des arrêts insensés, et des supplices de cannibales (b),

---

tel, a dû se voir plus d'une fois dans l'effrayante alternative ou de conspirer contre la loi dont il était le dépositaire et le ministre, ou d'envoyer à la mort tel homme, coupable aux yeux de la loi d'un crime capital qui, dans la pensée du juge, n'était pas même une faute. Ou niez cette conséquence, ou n'hésitez point d'avouer qu'en pesant le sens de ces paroles, toute ame honnête doit frémir ; qu'il ne faut point s'étonner si Montaigne ne nous entretient jamais de la législation de son temps qu'avec une indignation mêlée de crainte qui passe dans l'ame de ses lecteurs ; et qu'enfin, s'il paraît l'accuser avec toute la chaleur d'un ressentiment personnel, ce noble courroux rend témoignage à la générosité de son caractère : il plaint le sort des victimes, parce qu'il s'est trouvé lui-même au rang des sacrificateurs.

(a) *De nos lois il y en a plusieurs barbares et monstrueuses.* (Liv. II, chap. 17.)

(b) Il voudrait que *la rigueur des supplices ne s'exerçât que sur des cadavres,* et *dans la justice même, tout ce qui est au-delà de la mort simple,* lui semble *pure cruauté : et les sauvages ne l'offensent pas tant de rôtir et manger les membres des trépassés, que ceux qui les tourmentent et persécutent vivans ; dans les exécutions même de la justice, pour équitables qu'elles soient,* etc.

Je pense, ajoute-t-il ailleurs, *qu'il y a plus de barbarie à déchirer par tourmens et par géhennes un corps encore plein*

des gibets, des bûchers, des roues; et, ce qui l'indigne plus encore, ces coins et cette massue de fer, supplice des accusés, qui les contraint de se livrer eux-mêmes aux supplices des criminels (a). *Epreuve de patience* plus que de vérité, disait notre magistrat philosophe : « celui que « vous avez torturé pour ne le pas faire mourir « innocent, vous le faites mourir ensuite inno- « cent et torturé ». Aussi combien n'a-t-il pas vu de *condamnations plus criminelles que le crime!* Il les a vues, il les réprouve, il n'a pu les préve- nir; il veut du moins cesser d'y prendre part.

Il quitte donc la magistrature; mais avec lui restent ses souvenirs, son expérience. Dans son esprit philosophique fermentent ses grandes pen- sées, se généralisent ses observations. Qu'il prenne la plume, et les expose : un jour Montesquieu les lira : son génie les rendra fécondes. Trans- portées en Italie par ses disciples Beccaria et Fi- langieri, elles reviendront en France éclairer nos

---

de sentiment, le faire rôtir par le menu, le faire mordre et meurtrir aux chiens et aux pourceaux, (comme nous l'avons non-seulement lu, mais vu de fraîche mémoire, et qui pis est, sous prétexte de piété et de religion,) que de le rôtir et manger après qu'il est trépassé, comme font les cannibales. (Essais liv. Ier, chap. 3o.)

(a) C'est ce que Montaigne nomme la *géhenne*, ce qu'on a depuis nommé *la question :* comme si rompre et disloquer des membres, c'était interroger les cœurs !

contemporains. Elles mûriront au pied du trône, développées par deux siècles, et le vœu de Montaigne s'accomplira; et sur les gothiques débris de cette jurisprudence inconstante et aveuglément meurtrière, s'élevera l'édifice d'une législation uniforme et nationale, digne d'un âge éclairé; et le magistrat, plus juste en devenant plus humain, pourra condamner et punir le coupable sans faire pâlir l'innocent. Voilà l'influence d'un de ces hommes en qui une ame généreuse et l'amour de l'humanité ont eu le génie pour auxiliaire. Voilà ce qu'il dut aux circonstances, et ce que lui doivent, à leur tour, une patrie qui n'en sait rien peut-être, et des temps que l'ignorance et la barbarie de son siècle ne lui permettaient pas de prévoir.

Que manque-t-il maintenant aux études philosophiques de Montaigne? L'esprit servile de son siècle lui a prouvé la nécessité de revendiquer les droits, l'émancipation de l'esprit humain, retombé en enfance et en tutelle : une habitude constante de la méditation, un examen réfléchi de soi-même, lui a fait connaître l'homme individuel : la fréquentation du monde et les voyages lui ont appris ce qu'étaient les hommes réunis en sociétés : une courte mais instructive magistrature lui a fait voir, par expérience, quelles étaient les lois qui devaient les régir. Que lui reste-t-il donc à observer encore, à étudier de près? les gouvernemens, qui font mouvoir les ressorts de cette vaste machine appelée le corps politique. Montaigne paraît à la cour : il y porte des talens, des services rendus, des espérances......

Vous savez quelle était cette cour. Je pourrais la peindre d'un seul trait : le jour de la Saint-Barthélemi approche. Le tableau qu'elle présente dans un espace de trente-huit ans, le voici : Charles IX sur le trône ; à ses côtés Médicis et le cardinal de Lorraine : plus loin, Coligny égorgé, l'Hôpital emportant dans la solitude le regret d'avoir trop vécu : plus loin encore, la Ligue, le duc de Guise, Henri III, et le poignard de Clément : dans un lointain peu reculé, Sully, Henri IV, et Ravaillac. La première partie de ce tableau nous montre ce qui se fait à la cour au moment où Montaigne vient d'y paraître ; la seconde, ce qui s'y prépare.

Comment est-il donc arrivé qu'un philosophe, un homme de bien, en se voyant dans une telle cour, ait pu conserver d'autre pensée que celle d'en sortir à l'instant ? C'est ce que Montaigne lui-même a dû se demander plus tard. Mais alors *il sentait fumer l'ambition;* il ne vit pas d'abord, il ne pouvait pas voir toute la corruption du Louvre : il vit qu'on y répandait les graces ; et, comme il les méritait, il se crut permis d'y prétendre. Il devint courtisan ; il obtint des honneurs ; et, ce qu'il avait sur-tout ambitionné, il reçut du monarque le cordon du premier ordre du royaume (*a*). Beaucoup de philosophie n'est pas toujours incompatible avec un peu de vanité. Celle de Montaigne, mise en jeu, l'entourait d'illusions, de magnifiques espérances : peut-être se crut-il au moment de jouer ce qu'on appelle un grand rôle ; peut-être aussi l'aurait-il joué : mais, comme il le dit lui-même, ce n'était pas sa conscience qu'il avait instruite à se ployer, ce *n'étaient que ses genoux.* On peut croire que ce ne fut pas tout-à-fait le compte du cardinal de Lorraine, qui se donnait pour son protecteur, et qui l'avait fait entrer, en qualité de secrétaire intime, dans le cabinet de Médicis. On peut conjecturer aussi que l'ambitieux pontife, plein de ses vastes projets, sentit combien il lui serait utile d'avoir Montaigne pour complice et pour instrument. Alors dûrent venir sans doute, après les graces et avec les promesses, des insinuations ; que sais-je ? des commencemens de confidences, qui préparaient peut-être à des révélations (*b*).

(*a*) C'était alors l'ordre *de Saint-Michel :* on sait que celui *du Saint-Esprit* ne fut créé que par Henri III.

(*b*) Ce que je ne donne ici que pour une conjecture, Montaigne l'insinue, le confirme lui-même dans une foule de passages ; ou plutôt il paraît l'expliquer au lecteur avec une retenue que lui commandait la prudence beaucoup plus que la modestie. Voyez, entre autres, livre III *des Essais*, le chapitre où il convient d'avoir *négocié* quelquefois entre les grands et *les princes.* Voyez aussi l'historien De Thou, son ami, *De Vitâ sud, lib, III.*

Ou je me trompe, ou Montaigne, avec cette franchise généreuse qui le faisait marcher par-tout *la tête haute, le visage et le cœur ouverts*, dut être tenté de répondre, comme Philippide à Lysimaque : « Donne-moi ce que tu voudras, pourvu « que ce ne soient pas tes secrets. »

Beaucoup mieux instruit dès-lors, il pénètre chaque jour plus avant dans l'intérieur de cette cour où l'habitude et l'émulation du crime ont fait de la religion un trafic ; de la trahison, un jeu d'adresse ; de la beauté même, un instrument de perfidie et de vengeance ; s'exerçant à désarmer les soupçons par les caresses ; trompant la vigilance par les plaisirs, et cachant avec le rideau qui voile les voluptés, la coupe empoisonnée ou le poignard.

Que fait-là Montaigne avec ses scrupules ? A quoi peut-il être bon ? De quel droit se refuse-t-il à des avis profitables ? Voilà certes un grand moyen pour faire fortune, que de venir être honnête homme à la cour de Médicis ! Qui lui a scellé ce beau privilége ? Et de quoi s'avise-t-il d'être meilleur citoyen que des ministres, et d'avoir plus de conscience que des prélats ? Est-il fou de s'imaginer que les grands, ses protecteurs, acceptent une obéissance et des services limités ? Quelle duperie que la franchise ! Ce n'est pas assurément la vertu d'un homme d'esprit !

Voilà ce qu'on lui dit de toutes parts, ou ce qu'on lui fait entendre. Il répond : J'ai été dupe, je le vois; pour esclave, je ne le suis, je ne veux l'être que de la raison. Qu'on ne me tienne jamais pour *serviteur si affectionné ni si loyal, qu'on me trouve bon à trahir personne.* Zélé sujet de mon prince, je lui donnerai mon sang, s'il le faut, mais je garderai ma conscience. Quant à ces grands qui protégent ceux qui font bon marché de leur honneur, ils peuvent mieux placer leurs affections; je suis indigne de leur confiance, et la justifierais mal. Je connais mon incapacité; elle m'assigne ma place; je saurai n'en pas sortir : et, pour tout dire en un mot, comme si l'on me demandait d'exercer la médecine, je dirais : Je n'y entends rien; ou *la charge de conducteur de pionniers*, je dirais : *Je suis appelé à un rôle plus digne* : de même qui que ce pût être qui me voulût employer *à mentir, à trahir, à me parjurer pour quelque notable service*, je lui dirais : *Si j'ai dérobé ou tué quelqu'un, envoyez - moi plutôt aux galères !*

Après une telle réponse, il était moins sûr peut-être d'attendre des graces nouvelles que d'emporter au plus vîte celles qu'on avait reçues. Montaigne le sentit, et, sans bruit, seul avec son cordon, ses espérances trompées, et des pressentimens sinistres, qui devaient être sitôt et si cruellement justifiés, il sortit, ou plutôt s'échappa de cette cour dangereuse, en prononçant ces paroles qui en achèvent le tableau : « *Qui n'est que parricide en nos jours, et sacrilége, est homme de bien et d'honneur.* »

Les maux qu'il prévoyait éclatèrent : il en fut poursuivi dans sa retraite. Ce n'étaient plus quelques provinces où deux cultes rivaux, aveugles instrumens des factions politiques, s'étaient fait une guerre affreuse, mais passagère : c'était la France entière changée en un champ de bataille hérissé d'échafauds, où luttant à-la-fois de crimes et de malheurs, sur les ruines des temples, à la lueur des bûchers, calvinistes, romains, peuple, chefs et soldats, conspiraient, triomphaient, égorgeaient, mouraient ensemble...... O vous, mes contemporains ! plût au ciel que j'eusse à vous apprendre ce que sont les discordes civiles ! Je voudrais ne réveiller en vous que les souvenirs de l'histoire. Mais pour notre propre instruction, pour la gloire de Montaigne, il faut le replacer un moment au milieu de ces désordres, de ce bouleversement universel : il faut voir si la peinture du sage que ne peuvent ébranler ni les violences d'un peuple ivre de séditions, ni les fureurs de la tyrannie, n'est pas toujours une chimère : il faut enfin savoir si la philosophie qu'un homme de génie et de bien sait incorporer à son caractère, peut être bonne à quelque chose dans la conduite de la vie, où si ces doctrines tant vantées ne sont qu'un vain babil d'hommes oisifs qui se font un jeu d'en amuser d'autres. Suivons donc, sans nous arrêter, le fil de ces événemens terribles.

Après tant de forfaits célèbres, il était réservé à ce temps-là d'offrir à l'étonnement des hommes

un roi qui prépare par un traité de paix, l'assassinat de son peuple. A la voix du monarque, à
ses regards, on dit même à son exemple, les citoyens s'armèrent contre les citoyens, les servi-
teurs contre leurs maîtres, et des amis égorgèrent
ceux qui manquaient d'ennemis. Les lâches même
dont la fureur n'avait osé s'assouvir que sur des
cadavres, élevaient, à l'aspect du Louvre, leurs
bras souillés d'un sang répandu par le fer d'un
autre, usurpant la gloire du crime, qu'ils n'avaient
pas méritée.

Jamais des jours si cruels ne s'étaient levés sur
la France. Son maître qui, docile à des conseils
impies, avait cru par les proscriptions étouffer à
jamais la guerre, vit la guerre se rallumer pour
venger les proscriptions. Après tant de sang versé,
il fallait en verser encore. Charles en fut épou-
vanté. Il connut son attentat. Il voulut l'expier
peut-être.... Il emporta dans la tombe les leçons
du remords. Sa cour ne suivit point la pompe
funèbre (a); elle parut mépriser la cendre d'un
roi qui ne savait pas être courageusement criminel.

A la mort de ce jeune roi, presque aussi malheureux que coupable, Montaigne conçut des espérances que la France entière partageait. Il voyait
sur le trône un prince à qui l'étranger lui-même

(a) *Il ne resta*, remarque un historien, *pour accompagner
le convoi jusqu'à Saint-Denis, que Brantôme, quatre autres
gentilshommes de la chambre, et quelques archers de la garde*

avait offert le diadême, et que sa patrie en crut digne jusqu'à ce qu'il l'eût porté. La fortune, qui le servit comme un allié fidèle, tant qu'il ne fut qu'un sujet, attendait qu'il régnât pour le trahir. Esclave de ses flatteurs, il leur permit ce qu'ils voulurent. Il autorisa de son nom une ligue formée contre ses droits; et souffrit enfin qu'un sujet portât la puissance et l'audace jusqu'à le contraindre à l'assassiner.

Des deux partis qui divisaient l'État, l'un était devenu irréconciliable par les injures qu'il avait souffertes; l'autre, par les vengeances qu'il avait exercées. Le souvenir des traités ne réveillait plus dans les esprits que l'espérance ou l'effroi de la trahison et du meurtre : le nom même de la paix, si cruellement violée, ajoutait aux fureurs de la guerre; et la guerre était sans frein, parce qu'elle semblait devoir être sans terme. On ne se contenta point de combattre et d'égorger au nom du ciel; la proscription s'étendit jusque sur les choses inanimées. « On brûla, dit un témoin oculaire, et ce témoin, c'est Montaigne, on brûla, on ravagea, on déracina, on démolit : on ruina les vivans, et ceux qui n'étaient pas encore nés. »

Chaque jour augmentait la terreur. Ces guerres, dont la cause ou le prétexte était au fond des consciences, offraient une matière éternelle aux soupçons. Il fallut en secret préparer ses discours, il fallut déguiser son visage, pour ne point paraître à des furieux trop découragé par les revers, trop peu enivré des succès ; et les réjouissances publiques vinrent ajouter encore aux infortunes honteuses d'une patrie qui se déshonorait également par sa joie et par ses malheurs.

Quelle devait être, c'est-à-dire, quelle pouvait être, en de pareils temps, la conduite d'un philosophe et d'un citoyen ? Montaigne va nous l'apprendre. Il a de la naissance, il est riche, il a exercé des charges importantes, il a obtenu des honneurs. Tout cela protége en des jours de calme ; tout cela expose en des jours de dissensions. Dans l'état d'anarchie où se trouve la France : entre les partis qui la divisent, Montaigne se déclarera-t-il ? Oui, sans doute : il n'est pas fait pour ressembler à ces hommes qui, dans les discordes publiques, n'ayant eu assez de force ni pour le bien ni pour le mal, viennent, après le péril, se vanter de leur inaction ; comme si c'était une gloire d'être innocent par lâcheté !

Mais pour qui Montaigne se déclarera-t-il, lui qui n'a d'autre intérêt que ceux de la patrie et de la morale ? Il entend tous les partis attester la cause de Dieu et le bien de la France : il ne voit dans tous les chefs que des projets de vengeance et des plans d'agrandissement. Il ne s'attache donc pas, comme ses contemporains, à tel pontife ou à tel prince : mais ce philosophe indépendant se montre toujours fidèle à la religion de ses pères ; ce censeur amer des lois et de la cour se prononce en faveur du trône et des lois de son pays (*a*).

Il reste une dernière question, et c'est la plus importante : Comment Montaigne se déclarera-t-il? Les autres révèrent, ils adorent tout ce qui est de leur parti; moi, dit-il, *je n'approuve pas même tout ce qui est dans le mien.* Il se déclare donc sans fanatisme; sans ignorer qu'il peut se tromper; sans regarder comme un crime, une opinion qu'il n'a pas, et l'ennemi de ses principes comme un ennemi personnel qu'il est dangereux de laisser vivre.

« Ceux que je condamnerai dans nos guerres civiles, écrivait-il, je les condamnerai sur-tout si leur cause est triomphante et prospère. J'éprouverai le besoin de me réconcilier avec eux, s'ils sont vaincus et accablés (*b*) ». Paroles grandes et

---

(*a*) En d'autres termes : Montaigne, lié par ambition, même par reconnaissance, aux chefs de la ligue, aux princes de la maison de Lorraine, fut cependant assez juste et assez éclairé sur les vrais intérêts de son pays, pour s'attacher au parti des Valois, qui, devenu plus tard celui de Henri IV, finit par déjouer les intrigues des cours étrangères, triompher des ligueurs, mettre un terme aux fureurs invétérées des deux cultes rivaux, et désarmer les factions qui combattaient sous le masque du fanatisme religieux.

(*b*) *Le parti que je condamnerai en nos guerres, je le condamnerai plus âprement fleurissant et prospère. Il sera pour me concilier aucunement à soi, quand je le verrai misérable et accablé.* (Liv. III , chap. 13 , *De l'Expérience.*)

généreuses, dignes d'être à jamais gravées dans
la mémoire et dans le cœur des hommes! que
ne puis-je vous faire entendre à tous les partis,
à toutes les sectes qui divisent l'univers! Qu'é-
tait-ce que ces paroles dans la bouche de Montaigne? une leçon d'humanité? Oh! c'était bien
plus encore! c'était une révélation courageuse:
car, dans l'ivresse des factions, on peut bien en
plein jour condamner l'innocence, mais plaindre
l'infortune est une perfidie, qui ne se commet
que dans les ténèbres. Montaigne n'était pas le
seul qui s'en rendît noblement coupable; mais
lui seul ne s'en cachait pas.

Sans crainte, parce qu'il était sans reproche,
et ne voulant point d'autre cuirasse que la pureté de ses intentions, tandis que tous les châteaux s'environnaient de fossés et se hérissaient
de fer, comme des forts élevés dans une place
frontière, il vivait, lui, tranquille et désarmé,
dans la maison de ses pères; maison hospitalière,
et qui devint l'asyle des infortunés de tous les
partis; ce qui les dispensait tous de reconnaissance. Victime plusieurs fois de son humanité (a),
il connaissait les dangers de sa généreuse impru-
dence, et ne s'en corrigeait pas. Sa vie fut souvent menacée. Des assassins entrèrent chez lui

---

(a) « Je fus pelaut à toutes mains, nous dit-il; (et il n'avait
pas besoin de le dire!) au gibelin, j'étais guelfe; au guelfe,
j'étais gibelin. »

après avoir promis sa tête : ils manquèrent à son aspect de cette sorte de courage qu'exige un assassinat (*a*). Qu'avait-il cependant pour sa défense? Qu'est-ce qui désarme ainsi des furieux dont le cœur et le bras sont instruits dès long-temps dans la science du meurtre? Ce n'est pas même l'ascendant d'une renommée imposante, que relèvent l'éclat des dignités, ou le souvenir des victoires, et ce je ne sais quoi de grand qui frappe l'imagination dans les infortunes célèbres. Montaigne n'est pas un consul (*b*), un conquérant, un prince long-temps heureux, qu'environnent, dans le malheur, comme une garde incorruptible, les images de ses exploits, et le fantôme effrayant de sa fortune passée. Ce n'est qu'un homme de bien. Et cependant l'assassin qui levait le bras pour le frapper, se trouble à ses regards, et recule. Après tant de victoires que la vertu partageait avec la force du caractère, avec la majesté du rang, ou la puissance de la gloire, il lui manquait un triomphe qui n'appartînt qu'à elle seule; et c'est à Montaigne qu'elle le doit. Il a montré, pour l'effroi du méchant et la sécurité de l'honnête homme, que toute la force du crime pouvait se trouver faible et pâlir devant la sérénité de l'innocence.

Celui qui se conservait ainsi calme, libre de préventions et de crainte, parmi ces luttes vio-

---

(*a*) Voyez les *Notes*.
(*b*) *Marius à Minturnes.*

lentes des partis politiques et des religions, devait sans doute puiser dans ces grands mais terribles spectacles, d'affligeantes vérités, de lumineuses leçons. Il a vu tous les caractères aux prises avec toutes les passions, tous les intérêts, tous les amours-propres; et dès-lors, en observant ses contemporains et lui-même, il a pu deviner l'homme de tous les temps. Mais s'est-il borné toujours à le juger et à le peindre? ne l'a-t-il jamais dénaturé? En fouillant le cœur humain développé ou dépravé par ces agitations convulsives, il croit apercevoir dans l'un de ses replis un instinct malfaisant et féroce; et il publie avec effroi que la nature elle-même lui semble porter l'homme à l'inhumanité (a). Non, imprudent philosophe! Ce n'est pas là le cœur humain. Ta doctrine accuse ton siècle, et calomnie l'univers. Grand moraliste, dis-moi, toi dont la main hardie a si bien dévoilé les erreurs de nos jugemens, les vanités, la faiblesse et l'instabilité de la raison, si tu nous dépouilles encore du sentiment intérieur; si tu nous mets, dès nos premiers pas, hors de l'humanité par l'impulsion même de la nature; si, trop fidèle à ce fatal principe, tu ne fais de la conscience *que l'ouvrage de la coutume* et l'esclave des préjugés (b); sur quelle base constante

―――――――――

(a) Livre II, chap. 11, et ailleurs. Voyez les *Notes.*

(b) *Les lois de la conscience, qu'on dit naître de la nature, ne naissent que de la coutume,* etc. (Liv. Ier, chap. 22, et *passim.*)

éleveras-tu ta morale? sur quel appui l'affermiras-
tu? Cruelle et flétrissante erreur, non, vous ne
prévaudrez point sur la vérité consolante! La
conscience outragée s'élève et dément son accu-
sateur; j'entends sa voix qui nous crie : celui
qui mit des larmes sous vos paupières, a mis la
pitié dans vos cœurs; c'est-là le premier principe
de toute bonté morale. Ce principe ôté, tout
tombe en ruines; nos affections se concentrent
en nous-mêmes; les ames se resserrent et se
glacent; plus de générosité, plus de clémence,
plus de nobles transports, d'héroïques vertus;
tout, hormis notre intérêt, nous devient indif-
férent, et notre sensibilité n'est plus que de l'é-
goïsme.

Ne croyez donc pas au philosophe qui, les
regards attachés sur les maux de sa patrie, s'élève
en gémissant contre la destinée; et, trompé par
sa douleur, prend la démence d'un peuple pour
l'état naturel du genre humain. Le crime l'envi-
ronne et le décourage. Il cherche autour de lui
l'humanité exilée par le fanatisme; il ne la trouve
point; et il s'écrie : « L'humanité n'existe pas »!
Elle existe, ô Montaigne, et dans toi-même.
Echappe à tes contemporains; rentre dans ton
propre cœur; cherches-y l'homme.

Il l'a fait; et ce noble instinct qu'avait méconnu sa raison, il l'a retrouvé dans son ame (a).

(a) Voyez *Note* (6).

Il suffit ; ses sentimens ont réfuté sa doctrine ; l'espèce humaine est justifiée ; il y a une conscience et une morale : une morale universelle, immuable, dont le principe éternel est dans les entrailles de l'homme ; que le crime en fait sortir, mais qui y rentre avec le remords ; que la raison en délire peut voiler, la passion aveugle obscurcir, mais que la nature protége ; qui survit aux empires et aux opinions ; qui ne craint ni sectes impies, ni factions incendiaires, ni gouvernemens pervers : car le fer et le feu ne peuvent la détruire, ni des flots de sang l'effacer.

Telles sont les vérités primitives qui servent de fondement à toute doctrine sociale, et dont la philosophie ne doit jamais s'écarter. Si notre moraliste a pu les méconnaître ou les oublier un moment, l'époque à laquelle il vivait, en expliquant son erreur, l'excuse. Il était difficile alors d'échapper aux préventions de la vertu indignée, qui ne pardonne point aux hommes les maux qu'ils se font à eux-mêmes, et qui finit quelquefois par les haïr, pour les avoir d'abord trop aimés.

Mais si ces temps orageux furent pour Montaigne l'époque de quelques opinions dangereuses, démenties par son propre cœur, voyez combien d'instructions profondes et salutaires il en a su tirer pour lui-même et pour nous ! C'est alors qu'il a conçu tant de nobles et sages maximes d'une politique morale et tolérante, qui portent les gouvernemens à la modération et au respect de l'humanité, les peuples à la concorde et à l'obéissance aux lois. Ces lois, même défectueuses, même barbares, qu'il avait prises en haine durant sa magistrature, et dénoncées depuis à la postérité, il en souhaite encore la réforme, et plus que jamais sans doute ; mais il en recommande l'observation ; mais il proclame avec chaleur, il développe avec énergie cette importante vérité, que le mépris, l'oubli des lois est toujours suivi, chez tout un peuple, de la dépravation des mœurs. Le danger des innovations le frappe. Il voit les hommes embrasser mille opinions différentes, dont ils reconnaissent ensuite le vide ou la fausseté, tenant cependant toujours à la dernière, comme à la vérité même, et toujours prêts à la défendre au péril de leurs biens et de leur honneur, au hasard de leur vie et de leur conscience. Il le voit, et il s'en effraie ; et ce penseur indépendant, ce philosophe hardi jusqu'à la témérité, s'arrête soudain, étonné de ses spéculations imprudentes, et il nous dit, (écoutez ! ses paroles sont remarquables) : « Quiconque adop-« terait mes fantaisies, aux dépens de la moindre « loi de son village, se ferait grand tort, et à moi « aussi. » O vous, qui lisez cette déclaration généreuse d'un homme sincère et vrai, apprenez à ne plus confondre, comme on l'a fait tant de fois, les maximes de sa raison, les affections de son ame, avec les jeux de son esprit et la capricieuse audace de son imagination.

Que si des raisonneurs téméraires se permettaient de cacher la modération et la sagesse qui dictèrent ces conseils, sous le masque de l'égoïsme et de la pusillanimité, qu'ils tâchent d'expliquer, s'ils peuvent, par ces indignes motifs, la conduite franche et hardie du philosophe, telle que nous l'avons retracée ; qu'ils le contemplent enfin dans sa retraite, envisageant, non pas d'un œil sec, mais le front calme et sans terreur, tous les maux qui l'environnent et le menacent. Tandis que l'effroi du vulgaire pense y démêler des signes de la fin prochaine de l'univers, tandis que les sages eux-mêmes en augurent la ruine du trône et de la nation, Montaigne n'a désespéré ni du ciel ni de la patrie. Il reconnaît dans *l'état ébranlé* un principe de force et de vie qui doit résister à tous les crimes, réparer tous les malheurs. Quant à ses dangers personnels, il les voit, et il les oublie. Armé par la philosophie contre les terreurs de la mort, et ne songeant pas, dans le péril, « comment il peut en échapper, «mais combien peu lui importe qu'il en échappe», il se réfugie par la pensée dans de meilleurs siècles : il parcourt les philosophes, il médite les historiens ; il vit, il se familiarise avec les grandes ames de l'antiquité ; et, dans ce commerce profitable, il achève d'apprendre et de s'expliquer tout ce que pourraient les gouvernemens pour la grandeur morale des hommes. C'est ici le dernier terme de ses études philosophiques : elles remplissent, comme on voit, le cercle entier de sa vie ; et, pour les faire connaître, il a fallu tracer son histoire.

Maintenant, si l'on embrasse d'un coup d'œil tous les événemens de cette vie féconde en vicissitudes, plus féconde en instruction ; si l'on remonte le long cours de ces études si variées, on sentira combien Montaigne, avant de se prendre lui-même pour *argument* de son livre (*a*), s'était fait un riche sujet. On se convaincra que ce livre, nommé par lui *sa statue,* est tellement, en effet, le produit et l'expression de son caractère, que tout, jusqu'aux défauts de l'auteur, a tourné au profit de l'ouvrage.

S'il ne voyait pas en lui assez de bien pour ne point oser le dire (*b*), je n'y vois pas assez de mal pour n'oser en dire que du bien. Au hasard donc de ressembler un peu à ses ennemis, qui, dit-il, vont fouiller chez lui *les vices dont il laisse apercevoir les racines,* pour les enfler et *grossir en arbres,* je ne le dissimulerai point, le plus incontestable de ses défauts est celui dont il se défend

---

(*a*) « Me trouvant entièrement dépourvu et vide de toutes autres matières, *Je me suis présenté moi-même à moi pour argument.* (Montaigne.)

(*b*) *Je ne trouve pas tant de bien en moi, que je ne le puisse dire sans rougir.* (Montaigne, liv. II, chap. 18.)

le plus : chaque fois qu'il en parle, il fait souffrir pour sa franchise philosophique; car on sent bien qu'elle est à la gêne : ce défaut-là, c'est sa vanité. Elle lui rend ce bon office, qu'il est toujours satisfait de ce qui a l'honneur de lui appartenir. Elle le porte à se vanter de la faiblesse de sa mémoire, et, ce qui est plus piquant, de sa gravelle; attendu, vous dira-t-il (avec ce ton demi-plaisant qui ne cache pas trop bien le sérieux de la pensée), que c'est une maladie noble dans son espèce, et qui n'échoit d'ordinaire en partage qu'aux personnes de qualité. J'en suis fâché pour lui sans doute ; car il méritait d'avoir une généreuse fierté qui le guérît, par orgueil, de ces duperies de l'amour-propre : mais j'en félicite ses lecteurs, car de-là vint son projet de se *représenter* lui-même; et l'heureux fruit de sa vanité, ce fut son livre.

Je sais bien que l'éloquent et janséniste Pascal ne voyait là qu'un *sot projet*, disant qu'il s'accordait mal avec l'humilité chrétienne (*a*). Mais, quelle que soit pour moi l'autorité du génie, même quand il est de mauvaise humeur, j'ose persévérer à croire que nous avons été fort heureux de rencontrer ainsi un homme qui nous avertit de nos faiblesses en nous racontant les siennes, et nous apprend à nous connaître en ne médisant que de lui; un philosophe assez franc,

____

(*a*) Pensées de Pascal, 29ᵉ chapitre, nᵒ 41 de l'ancienne édition, et Iʳᵉ partie, art. 9, nᵒ 36 de l'édit. de M. Renouard.

assez généreux pour soumettre en public son caractère à l'examen de sa morale ; pour faire sur
lui-même l'épreuve de ce qu'il importe à tous de
savoir ; pour le démontrer à ses risques , et le
commenter à ses dépens. Quoi qu'en puisse dire
Pascal, c'est à ce *sot projet* de Montaigne que tient
l'utilité de sa morale ; et , pour surcroît de justi-
fication , c'est encore à la même cause qu'il faut
sur-tout rapporter le charme et le vif intérêt de
ses écrits.

En effet, si parler de soi est un danger mani-
feste, dès qu'un auteur a su plaire, et qu'on le
voit à chaque instant affronter ainsi le péril, on
s'attache à lui davantage ; on devient, sans trop
le savoir, son compagnon de fortune ; et du moment qu'il s'engage dans un défilé hasardeux, on
demeure en suspens, on se demande : Comment
sortira-t-il de ce mauvais pas ? Et voilà ce qui
répand sur un livre de philosophie un intérêt
dramatique.

Un autre défaut qui dans Montaigne tenait aux
qualités les plus nobles, et que sa sincérité, plus
à l'aise, n'hésite pas d'avouer, c'est cette horreur
invincible pour toute espèce de contrainte, qui
lui aurait fait un supplice d'un travail méthodique
et suivi. De-là *le vagabondage* de son style et de
ses pensées. — Ce défaut-là, me direz-vous, a-t-il
aussi tourné au profit de son livre ? Peut-être.
Mais, à coup sûr, il a tourné, comme tous les
autres, au profit de ses lecteurs. Si Montaigne eût

écrit avec plus de méthode, il l'aurait fait sans doute avec plus de réserve ; il ne se serait point contredit dans sa propre peinture ; il aurait été moins connu, et nous moins bien enseignés. Au contraire, il s'abandonne à la pensée du moment, sans se donner nul souci de ses idées passées ou futures ; et ce qu'il veut taire dans un chapitre, vous pouvez en chercher l'aveu dans le chapitre suivant. A coup sûr, ces contradictions ne prouvent point contre sa franchise ; car, en se relisant lui-même, il a dû les apercevoir : et, s'il a eu le courage de ne les point effacer, c'est bien alors qu'il a pu dire : *Je ne laisse rien à deviner de moi (a)* !

Gardons-nous toutefois d'attribuer au seul caractère de Montaigne cette marche irrégulière, ce désordre hardi de sa composition. L'on ne peut y méconnaître l'influence d'un siècle où le talent, hasardeux dans une littérature sans modèles, parce qu'il était forcé de s'y montrer créateur ; libre dans une langue imparfaite et rebelle, parce qu'il était forcé de la maîtriser et de l'enrichir ; rencontrant par-tout des obstacles, s'élançait pour les franchir, sans calculer ses élans ; et s'abandonnait à son essor, sans être averti, par ses écarts, de se tracer des enceintes, et de se poser des barrières.

(a) « *Je ne laisse rien à desirer et à deviner de moi.* » (Montaigne, liv. III, chap. 9.)

On a souvent exprimé le regret que Montaigne ait paru dans un tel siècle : s'il avait écrit à une époque de lumières et de goût, dans une langue formée, combien, dit-on, il aurait encore déployé plus de talent et obtenu plus de gloire ! Cette opinion est ancienne ; elle a eu des partisans dont l'autorité impose ; elle passe enfin pour démontrée, puisqu'on la répète sans examen. Que prouve-t-elle cependant ? qu'on n'a point assez réfléchi sur le genre d'esprit de Montaigne et sur la trempe de son caractère. On ne sait pas combien cet homme, dont toutes les facultés étaient, comme il dit, *prime sautières*, gagnait à être lui tout entier, sans ordre, sans pureté, sans correction, avec des défauts, mais avec des beautés supérieures à la correction, qui souvent, en aurait commandé le sacrifice. On ne sait pas combien ce penseur, qui ne voyait dans le langage que *le boute-hors*, avait besoin, pour être lui, de s'abandonner sans contrainte aux mouvemens de son ame, en versant, comme au hasard, du fond de ses entrailles et de son génie, ses sentimens et ses pensées dans toute la chaleur de l'inspiration. On ne sait pas sur-tout combien, il lui aurait été impossible de déployer tant de force sans jamais en abuser ; de rester prudemment asservi aux convenances du sujet, à l'exemple d'un modèle ; et de n'oser être profond, touchant, enjoué ou sublime, qu'après avoir consulté les

lois de ce goût sévère qui, même dans l'en-
thousiasme et l'enchantement de l'inspiration,
vient quelquefois, tout-à-coup, se présenter au
talent comme la tête de Méduse, l'arrête soudain
et le glace, en le désabusant trop tôt de ses plus
chères illusions. Enfin, le dirai-je ? on ne sait pas
combien il se fût trouvé à plaindre, si l'inexorable
critique était venue lui faire un devoir de renoncer à tant d'aimables caprices, à tant de bonnes
fortunes qui charmaient l'heureuse inconstance
de sa brillante imagination.

Ah ! n'exigez pas de lui de si cruels sacrifices !
Au nom de sa gloire et de vos plaisirs, pardonnez-lui des beautés qui sont le fruit de ses fautes ;
pardonnez-lui des défauts qui sont encore des
beautés. Laissez-lui *son allure à sauts et à gam-
bades* : si vous le contraignez d'aller au pas, il
s'arrête ; et si vous l'entravez, il tombe. N'imitez
pas ces rhéteurs qui mettent le génie en cage, lui
coupent les ailes, et puis, à travers les barreaux
qui l'enferment, viennent lui dire : « Volez !... »
Sans doute les lois du goût, qui sont celles de la
raison même, doivent être maintenues et res-
pectées : mais, dans la république des lettres, il
est des citoyens signalés par de tels services, que
la loi, pour son propre intérêt, doit se taire
devant leur gloire, de crainte qu'on ne s'aper-
çoive, à son imprudente plainte, qu'ils ont été
si grands sans la suivre, et qu'on ne soit tenté

d'en conclure qu'ils auraient été moins grands peut-être s'ils l'avaient mieux observée.

Que si l'on conteste à Montaigne ces services et ce haut rang, qu'on relise son ouvrage après avoir exhumé pour quelques heures ceux de ses contemporains. Ou plutôt, ne tirons pas de l'oubli qui les protége, tant d'écrivains dont la honte est inutile à sa gloire. Il suffit de comparer entre eux Montaigne et le seul de ses rivaux qui existe encore pour nous, cet Amyot qu'il aimait, qu'il proposait pour modèle, et qu'il n'a point imité. Naïf traducteur des anciens, c'est avec une pureté, une élégance nouvelle, qu'Amyot leur fait parler sa langue. Montaigne, sans les traduire, cherche à se donner la leur. Il leur ressemble si bien, qu'il contraint son idiome à reproduire les mouvemens de leur éloquence, les attitudes de leur style, les tournures abondantes de leur mâle élocution. Ces attitudes si fières, ces tours rapides et forts dont il enrichit notre langue, polis par des changemens, fruit d'un goût plus délicat, sont enfin devenus des formes aussi pures qu'élégantes, sous la plume des Pascal, des Montesquieu, mais surtout de J. J. Rousseau, de La Bruyère, dont l'heureux auteur des *Essais* fut le modèle d'affection (*a*). Les yeux les moins exercés peuvent

______

(*a*) Ce rapprochement est fondé, ou du moins me paraît l'être. Mais qu'on n'aille pas en tirer une conséquence outrée :

le reconnaître dans leurs ouvrages, comme on reconnaît dans un tableau *la manière de l'Ecole.* Ne cherchons donc plus quels services Montaigne a rendus à notre littérature, quel rang il a mérité : disons, en l'associant à la gloire de ses disciples : Montaigne est dans la prose française, le créateur de l'Ecole qui s'est le plus distinguée par l'énergie et la variété des formes, par la fraîcheur, l'éclat du coloris ; et, ce qu'on n'aurait point présumé en ne voyant que les ébauches hardies du maître, par l'élégance du style, et la perfection des détails.

Malgré tout ce bonheur d'expressions et de tournures éloquentes, si Montaigne établit en principe que *l'éloquence fait injure aux choses, dès qu'elle nous détourne à elle-même* (a), il n'a point à craindre que sa maxime soit rétorquée contre lui. Ses pensées ont naturellement tant de force, tant de feu et de saillie, qu'elles captivent d'abord sans partage, et frappent d'elles-mêmes l'attention. En lisant d'autres philosophes, on se dit : voilà un écrivain qui pense : en lisant Montaigne, on oublie que c'est un penseur qui

---

Je suis loin d'assimiler pour le talent, disons mieux, *pour l'art d'écrire,* notre philosophe à La Bruyère, et mille fois moins encore à Rousseau. C'est ici le Pérugin dont il est permis de relever la gloire en nommant son disciple Raphaël.

(a) *L'éloquence fait injure aux choses, qui nous détourne à soi.* (Livre Ier, chap. 25, *De l'Institution des Enfans.*)

écrit : on ne le lit pas , on l'écoute. Ce n'est ensuite que par réflexion , et de dessein prémédité, qu'on parvient à pénétrer le charme secret de ce style dont le naturel fait la magie ; plein de figures trop hardies, qui ne paraissent point ambitieuses; surchargé de métaphores éclatantes, qui n'éblouissent jamais ; toujours varié, toujours pittoresque ; draperie souple et transparente qui ne fait qu'appeler les regards sur les formes vivantes de la pensée.

Loin de cet écrivain, dont *l'aller naturel est*, dit-il, *à pleines voiles*, la crainte de passer les limites des genres, et d'être accusé de les confondre , en se permettant de les réunir ! Il change de ton et de style comme il change de sujet, sans y prendre garde. Il sort de sa matière, il y revient, par de *vives escapades* ; et son lecteur le suit sans fatigue. Il méditait profondément, et tout-à-coup, la méditation finit par une bouffonnerie. Il s'attristait sur nos misères, et voilà que nos sottises le font malignement sourire, et qu'il se joue de nos travers. Toutes les couleurs se trouvent sur sa palette, et souvent on pourrait croire qu'il les emploie indifféremment. Il affecte à dessein la nonchalance : il cherche à se donner *la marche du hasard* : il jette ses idées par masses, et ses expressions à l'aventure : le badinage s'y rencontre auprès de la profondeur, le burlesque avec le sublime, et le cynisme à côté de la grace : ensemble monstrueux et charmant ;

très-imposant, très-bizarre ; qui surprend et qui séduit ; qu'on applaudit, qu'on admire, et qu'on ne voudrait point imiter ; seul ouvrage dont l'auteur, en blessant toutes les règles, ait su plaire à tous les goûts.

Cet ouvrage considéré sous des aspects si divers, est-il vrai que nous soyons parvenus à le connaître, à le caractériser ? il vient de s'offrir à moi sous un aspect tout nouveau. Singulier contraste, en effet, après tant d'autres contrastes ! le plus original de tous les livres est aussi, sans aucun doute, celui où brillent le plus de beautés qui n'appartiennent point à son auteur. Plein des richesses de l'antiquité, dont il expose les systêmes, adopte ou combat les opinions, cite sans cesse ou traduit les écrivains les plus célèbres, Montaigne, *conversant* sur tous les sujets, est, à chaque instant, interrompu par les grands hommes de tous les siècles, qui semblent converser avec lui. Souvent dans leur propre langue, plus souvent encor dans la sienne, prenant, cédant tour-à-tour et reprenant la parole, ils répandent en beaux vers ou en prose éloquente, sur chacun des objets qu'il traite, les fruits de leur génie, de leur expérience, et l'éclat de leur talent.

Veut-on donc se former des *Essais* une idée générale, ou plutôt une image qui les peigne, en quelque sorte, à la pensée ? qu'on se représente une suite d'entretiens, de conférences philosophiques, tenues dans *le Château de Montaigne*, entre notre moraliste et tous les philosophes de l'antiquité. Là vient s'asseoir l'austère Zénon près du voluptueux Épicure; et le cynique Diogène s'y trouve en face du divin Platon et de l'élégant Aristippe. La conversation est calme; on discute avec gravité, avec profondeur, et presque avec méthode. Tout-à-coup la scène change : le souvenir de nos folies a déridé le front des sages : on médit; l'ironie légère, le sarcasme mordant, la satire enjouée, prêtent à la raison des formes plus riantes ; et la conversation s'égaie à nos dépens. D'autres fois on se contredit sur des points importans de morale : la discussion s'échauffe et s'élève avec le sujet; les attaques et les répliques sont également animées de traits poignans et rapides, de figures passionnées, et de mouvemens d'éloquence. Chacun des interlocuteurs reste fidèle à son caractère et à son genre d'esprit. Montaigne lui seul s'est si bien formé dans le commerce de ses hôtes, qu'il sait les imiter tous, et qu'il emprunte à volonté le genre d'esprit que bon lui semble. Mais s'il devient par fois copiste, sans cesser d'être original, on le reconnaît toujours à une certaine chaleur d'imagination gasconne, qui lui fait accentuer plus fortement toutes ses paroles, et qui dispense de le regarder dès qu'il parle; car il suffit de l'entendre pour voir son attitude, son geste, et le jeu varié de sa physionomie.

Les divers sujets de ces entretiens, leurs résultats les plus importans, ont été d'abord exposés, développés ensuite avec étendue dans la première partie de ce discours. On a tâché d'y considérer sous leur véritable aspect les principes les plus féconds de la philosophie de Montaigne ; et, cherchant à rétablir l'ordre dans lequel ils dûrent s'offrir à la pensée de leur auteur, on en a tracé l'histoire, marqué la naissance et les progrès. On va maintenant les présenter sous un point de vue général ; en tirer les conséquences ; creuser jusqu'aux fondemens de la doctrine de Montaigne ; en montrer l'objet et les résultats. Si l'on ne s'écarte pas trop d'un but qu'il est bien difficile d'atteindre, le défaut de méthode, la confusion tant reprochée à notre philosophe, n'existera plus pour nous. Nous verrons une seule impulsion, une même direction donnée à cette multitude d'idées qui semblaient courir au hasard ; un grand objet toujours présent à cette imagination vagabonde ; une marche constante de l'esprit, dans le désordre même des pensées.

On a vu ce qu'étaient la science et la raison dans le siècle de Montaigne. Ses contemporains, idolâtres, rendaient aux anciens un culte qui n'est dû qu'à la divinité, qu'on adore sans la comprendre. Il paraît au milieu d'eux tel que parut jadis l'apôtre (a) dans le temple des déités païennes :

(a) Saint Paul. Voyez *Actes des Apôtres*, chap. XVII, vers. 23.

là foule se prosterne aux pieds des idoles ; lui seul porte son offrande sur l'autel du *dieu inconnu*. Ce dieu, c'est la Vérité, que l'ignorant croit savoir, mais que le savant ignore (*a*).

Montaigne étudie les hommes : en les écoutant parler et en les voyant agir, il ne tarde pas à s'apercevoir que *les plus doctes ne sont pas les plus habiles*. Ne connaissant d'autre mérite que cette *science qui nage à la superficie de leur cerveau*, ils sembleraient déchus même du sens commun : utiles à la patrie s'ils parviennent à lui apprendre la *mesure d'un vers de Plaute, ou l'orthographe d'un mot latin*. Il n'en était pas ainsi dans les siècles célèbres de l'antiquité : des philosophes magistrats, législateurs, capitaines, servaient leurs concitoyens, après les avoir éclairés ; et, comme ils étaient grands en science, *ils étaient plus grands encore en toute espèce d'action*.

Frappé de cette différence, Montaigne en cherche la cause ; et il n'a pas de peine à la trouver. Les érudits de son temps sont-ils bien, en effet, des savans et des philosophes ? Non ; mais ils prennent en garde la science et la philosophie d'autrui. De-là vient que leur instruction, s'arrêtant à la mémoire, sans pénétrer ni le cœur ni la raison, ne rend, ni la conscience plus droite, ni le jugement plus sain. En un mot, tout ce savoir qui ne se montrait qu'au bout des lèvres,

---

(*a*) Voyez sur ce morceau et sur le suivant, les Notes 9, 10 et 11.

tout ce jargon hors d'usage dans la conduite de
la vie, ne servait qu'à nourrir ce vain bruit des
écoles qui rendait plus profond encore le long
sommeil de la raison.

Si l'on disputait sur les bancs pour des doctrines philosophiques d'autant plus faciles à commenter qu'il s'agissait moins de les comprendre,
on se poignardait dans les villes, on se massacrait
dans les camps, pour des doctrines d'une autre
nature, qu'il ne s'agissait pas non plus de comprendre, mais de soutenir, au péril même de la
vie.

Je ne sais si je me trompe, mais il me semble
qu'un honnête homme, doué d'ailleurs d'un bon
esprit, frappé de ce double délire, et révolté de
ces fureurs, a dû se dire, avec l'espoir d'y ap-
porter quelque remède : Nos crimes et nos malheurs ont la même cause que nos sottises : pour
rendre la paix et la raison à mes infortunés com-
patriotes, apprenons-leur à se défier des opinions qui les divisent. A cette aveugle passion
de croire faisons succéder enfin le desir d'exa-
miner. Hâtons-nous d'arracher son masque à
l'ignorance doctorale; arrachons sur-tout son arme
à l'intolérante crédulité ; enseignons la science
du doute.

Voilà, je pense, l'origine et le but de ce qu'on
a voulu nommer le scepticisme de Montaigne :
tel est du moins celui qui dirige ses jugemens
et ses actions. Il ne voit pas assez de certitude

dans les opinions d'autrui pour y sacrifier la sienne; il ne voit pas, dans sa propre opinion, assez d'évidence pour taxer de mauvaise foi ceux qui la rejettent ou la réprouvent : il ne saurait donc les regarder comme des ennemis qu'il faut combattre, ou des obstinés qu'on doit punir. Heureuse la France, heureux Montaigne lui-même, s'il avait pu mettre dans le cœur de ses aveugles contemporains ce généreux scepticisme! Que de larmes épargnées à nos pères! Que de pages sanglantes dans notre histoire qui ne s'y trouveraient pas!

Dans ce dessein de briser le sceptre et le glaive de l'Opinion, il commence par ébranler tous les fondemens de nos connaissances : il semble se déclarer contre la raison humaine. Il la poursuit dans toutes les sectes; il la combat à outrance dans les grands hommes de tous les temps. Il révèle leurs faiblesses; il dénonce leurs erreurs; il accumule leurs contradictions : puis, se tournant vers la foule des esprits serviles qui l'environnent, il leur dit avec cette ironie d'un adversaire qui triomphe : Fiez-vous maintenant à votre doctrine ! *Vantez-vous d'avoir trouvé la fève au gâteau, à voir tout ce tintamarre de tant de cervelles philosophiques* »! Il combat la raison dans lui-même ; car il révèle aussi ses faiblesses, ses erreurs, ses contradictions. Enfin il combat la raison en elle-même; car il prouve que nos jugemens dépendent des mouvemens et des altérations de notre corps , de l'influence des objets extérieurs , de la saison et des vents ; en sorte que c'est grand hasard s'il se rencontre un moment dans la vie où l'homme du meilleur esprit puisse dire avec certitude : Je me trouve dans mon bon sens.

Il fait plus , il établit avant Loke et ses disciples, que nos sens sont nos uniques maîtres ; qu'en eux *commence la science , et qu'elle se résout en eux.* puis, il met en doute si les hommes sont pourvus de tous les sens nécessaires pour pénétrer la nature , et s'élever à la vérité ; pensée éminemment philosophique , et dont les conséquences sont infinies ! Certes ! voilà cette raison sublime , et dont nous sommes tous si fiers , sous les coups d'un rude adversaire ! Comme il abat son orgueil ! Elle semblerait terrassée. Mais croyez-vous que le vainqueur, abusant de son triomphe, veuille la fouler aux pieds ? Non ; il lui tend la main , et la relève.

Un esprit moins sage et moins étendu aurait pu conclure de ses principes qu'il n'y avait qu'une seule science à notre usage : savoir ignorer. Ce fut la philosophie de Pyrrhon ; ce n'est pas celle de Montaigne. S'il conclut avec prudence qu'il est périlleux de céder aux premières apparences de la vérité ; s'il ne nous permet point d'avancer d'un seul pas dans l'étude de l'homme et de la nature, sans être appuyés snr l'expérience et précédés par le doute ; il ne craint pas d'affirmer qu'en allant ainsi à la découverte de ce qui nous importe à savoir, nous devons finir par le rencontrer; et que, fort d'un tel appui, éclairé par un tel guide, l'esprit humain *est capable de tout, de même que*, sans leur secours, *il n'est capable de rien* (a).

Ainsi donc, en paraissant nous interdire la connaissance des choses et de nous-mêmes, Montaigne n'a fait que nous apprendre *à ôter le masque des choses et des personnes;* en taxant de vanité l'étude de la sagesse, il n'a fait que *désenseigner la sottise* (b); en prenant à partie la raison, il l'a tirée de sa léthargie; en lui rappelant ses écarts, il lui a fait sentir son esclavage; en lui reprochant sa faiblesse, il lui a rendu sa vigueur. J'ai dit quel était le but de la philosophie de Montaigne; en voilà maintenant le résultat. On le voit long-temps combattre la science et l'esprit humain; et, lorsqu'enfin la victoire lui reste, on ne trouve que l'opinion d'immolée sur le champ de bataille.

Dès ce moment a dû finir le long règne du pédantisme; et, pour rappeler ici une noble et grande image dont l'éloquence philosophique a déja paré la raison, comme un fleuve *qui se perd*

(a) *L'esprit de l'homme est capable de toutes choses comme d'aucunes.* (Ier livre des *Essais.*)

(b) Préface des *Essais de Montaigne*, par Mademoiselle de Gournay.

dans les sables, et ne reparaît qu'à mille lieues de là sous de nouveaux cieux et sur une terre nouvelle (a), la pensée originale et indépendante, perdue depuis tant de siècles, commença de reparaître, et elle entraîna dans son cours toutes ces vieilles ruines des doctrines scholastiques sous lesquelles des mains serviles avaient failli l'ensevelir.

Pourquoi donc avons-nous cédé à l'Angleterre et à Bacon l'inestimable honneur de cette révolution mémorable ? Comme l'illustre insulaire, Montaigne, son contemporain, est venu démontrer aux hommes la nécessité de se faire un entendement nouveau : s'il l'annonce avec moins de grandeur, il le prouve avec plus d'énergie. Comme Descartes, mais avant lui, il établit la doctrine du doute. Est-ce là ce pyrrhonisme qu'on lui a tant reproché ? je ne lui en connais point d'autre : apprécions-le par ses effets ; il a brisé les fers de la raison humaine. Ainsi Bacon, Descartes, Montaigne, tels sont les véritables chefs, disons mieux, les fondateurs de la philosophie en Europe : ils ont jeté les bases de l'édifice, après avoir déblayé le terrain. Tous trois ont obtenu l'admiration, et mérité la reconnaissance. Puisse l'esprit qui les animait leur survivre, et rester parmi les hommes aussi long-temps que

----

(a) Thomas.

leur gloire ! Tant que la pensée humaine sera libre, nous jouirons de leurs bienfaits.

Moins fertile en conjectures, plus riche peut-être en observations sur l'esprit et le cœur humain que Descartes et Bacon même, Montaigne fit du principe qui leur était commun à tous trois des applications plus étendues à la philosophie morale, c'est-à-dire, à l'étude de l'homme, de la société, des gouvernemens et des lois. A l'exemple de Socrate, il rappela sur la terre cette sagesse ambitieuse qui s'égarait dans le ciel. Il remit enfin la raison sur la route, long-temps perdue, des vérités utiles : et cherchant à prévenir le retour de son esclavage et l'abus de sa liberté, il l'arma du doute, comme d'un bouclier ; de l'expérience, comme d'un flambeau.

Les écrivains qui depuis ont éclairé sa patrie, n'ont eu qu'à marcher sur ses pas, à poursuivre son ouvrage : ils ont ajouté à sa gloire en ajoutant à nos lumières ; et, pour tout dire en un mot, l'auteur de l'Esprit des lois, plus encore l'auteur d'Émile, n'ont souvent fait que fouiller, féconder avec génie, les grands principes que Montaigne avait semés avec négligence, laissant aux âges futurs le soin d'en développer le germe, de nourrir la plante fertile, et de cueillir un jour le fruit.

Qu'ajouterais - je encor ? quel hommage plus digne et plus mérité pourrais - je offrir à Montaigne ? j'ai peint son caractère et son génie : si je l'ai fait avec vérité, je l'ai célébré à sa manière ; et lui-même avouera cet Éloge...... Que dis-je ? il se plaint, il m'accuse : « Non, répond-il, tu ne m'as pas loué, car tu n'as rien dit encore de mon ami La Boëtie. » — Sensible et généreux Montaigne ! non, je ne t'ai pas loué. Ce qui t'honore le plus est ce qui me reste à dire. Ne me fais pas un reproche d'avoir attendu si tard. Heureux de peindre après toi cette amitié sublime et tendre, dont tu ne jouis qu'un moment et qui remplit ta vie entière, si d'abord j'en avais retracé la vive et touchante image, ni l'histoire de tes pensées n'aurait offert assez de grandeur, ni l'analyse de ton style assez de charme, ni le tableau de tes nobles actions assez d'intérêt et de dignité, pour ranimer l'attention épuisée par des émotions trop chères. Parle, il est temps ; ouvre-nous ton ame : peins-nous tes sentimens et ceux de ton ami ; fais-lui partager nos hommages.

Mon ami !.... répond-il, non je ne saurais dire ce qu'il était pour moi, ce que j'étais pour lui ! *Nous nous cherchions, avant de nous être vus, un penchant mutuel nous unissait d'avance ; à notre première rencontre, nous nous trouvâmes si connus, si obligés entre nous, que rien dès-lors ne nous fut si proche que nous l'étions l'un à l'autre.* Oui ! cette union si tendre ne semblait pas commencer ; elle semblait avoir existé toujours ! Je me plaisais à y voir un arrêt de la destinée; et, si l'on me demandait pourquoi je chérissais mon ami, je ne pouvais que répondre: « *parce que c'est lui; parce que c'est moi (a).* »

Quelle amitié ! quel langage ! Est-ce bien ce philosophe qui foulait aux pieds les préjugés ? Que lui sert maintenant de tenir à la main cette balance sceptique ? Le voilà qui s'abandonne, avec la simplicité d'un enfant, à l'illusion touchante qui lui fait voir du prodige dans l'empire d'un sentiment dont l'énergie fait le miracle ! Non, ce n'est point à ses yeux un rapport naturel de goûts et de caractère qui l'attache à son ami ; c'est *quelque secrète ordonnance du sort.* Leur liaison fut un coup du ciel. *Une force inexplicable a saisi leurs volontés ;* elles sont venues *se plonger, se perdre* l'une dans l'autre, et se confondre à jamais (b). Tout est commun entre eux, jugemens, affections, biens, famille, honneur et vie. Ils ne peuvent se prêter, ils ne se peuvent donner rien. Si l'un pouvait donner

---

(a) *Si on me presse de dire pourquoi je l'aimais, je sens que cela ne se peut exprimer qu'en répondant: parce que c'était lui, parce que c'était moi.* (Montaigne, livre Ier, chap. 27.)

(b) « *Ce n'est pas une spéciale considération, ni deux, ni quatre, ni mille, c'est je ne sais quelle quintessence de tout ce mélange, qui ayant saisi toute ma volonté, l'amena se plonger et se perdre dans la sienne; qui, ayant saisi toute sa volonté l'amena se plonger et se perdre dans la mienne, d'une faim, d'une concurrence pareille,* etc. (Ibidem.)

à l'autre , celui qui recevrait serait le bienfai-
teur (a). Mais mon ami , dit Montaigne , « ce *n'est
pas un autre, c'est moi* (b). » Tous nos vœux,
tous nos plaisirs , tous nos sentimens se con-
fondent ; je vis en lui comme il vit en moi. Nous
séparer un seul jour n'est pas même au pouvoir
de l'absence. *L'amitié a les bras assez longs pour
nous joindre* (c), nous réunir ; et nos cœurs se
toucheraient aux deux bouts du monde.

Oui , que l'amitié les rapproche, et que la sé-
paration même soit encore union pour eux ! mais
qu'ils goûtent aussi la douceur, qu'ils prolongent
l'enchantement de ces généreux entretiens où le
sentiment s'épanche , où la raison s'enrichit, où
l'ame se fortifie et s'élève ! Qu'ils se hâtent d'é-
puiser tout ce qui peut entrer de doux et de
ravissant dans une vie passagère ! Hélas ! ce bon-

(a) *Tout étant , par effet, commun entre eux .... ils ne se
peuvent ni prêter , ni donner rien. Si en l'amitié de quoi je
parle , l'un pouvait donner à l'autre, ce serait celui qui recevrait qui obligerait son compagnon.* (Montaigne , livre Iᵉʳ,
chap. 27.)

(b) *Le secret que j'ai juré ne déceler à nul autre, je le puis
sans parjure communiquer à celui qui n'est pas autre; c'est
moi.* Doctrine hasardée sans doute , mais sentimens et expressions sublimes.

(c) Expressions énergiques, qui ne se trouvent point dans le
chapitre *De l'Amitié*, mais dans le IIIᵉ livre des Essais : « *Je
sais que l'amitié a les bras assez longs pour se tenir et se
joindre d'un coin de monde à l'autre.* »

heur doit finir, et finir en peu de temps. Voici le jour qui va les placer à une telle distance l'un de l'autre, que les bras de l'amitié ne seront plus assez longs pour les réunir.

La Boëtie est frappé d'une maladie soudaine ; Montaigne est le plus à plaindre ; c'est pour lui qu'est le danger ! Tous les soins sont prodigués ; ils deviennent inutiles. Dans la fleur de l'âge et des espérances, La Boëtie va mourir ; et il console Montaigne : il n'a des larmes que pour lui. Non, ce n'était point la vie qu'abandonnait cette ame grande et immortelle : il parut, en expirant, ne quitter que son ami.

Montaigne fut accablé du malheur de lui survivre. « Depuis le jour où je le perdis, *je ne fais,* disait-il, *que traîner languissant.* Les plaisirs qui s'offrent à moi, au lieu de me consoler, me rendent plus amer le regret de sa perte : *nous étions à moitié de tout ; il me semble que je lui dérobe sa part* ».

Il n'est action ni pensée où son ami ne lui manque. Rien n'affaiblit ses regrets qu'il se plaît toujours à nourrir. Et quand de longues années, quand les distractions du monde, les affaires et les plaisirs, la solitude et les voyages, l'ambition, les honneurs, les périls, sembleraient l'avoir séparé du souvenir de son bonheur et du sentiment de ses peines, la circonstance la plus légère lui rend ses premières douleurs ; il rêve encore à son ami ; il le rappelle dans sa mémoire ; il le retrouve dans son cœur, comme dans un sanctuaire inviolable où les consolations n'ont jamais pénétré (*a*).

S'empresse-t-il de publier des ouvrages? ce sont ceux de La Boëtie. Cherche-t-il des protecteurs? c'est à la renommée de La Boëtie. Appelle-t-il les regards de la gloire? c'est sur le tombeau de La Boëtie. Et s'il prend aussi la plume, s'il prétend lui-même à la renommée, c'est pour revivre encore avec La Boëtie dans la mémoire des hommes; pour lui donner dans la pensée d'autrui la place qu'il avait dans son ame; pour goûter le plaisir d'écrire, l'espoir de persuader que son ami le surpassait mille fois en science, en talens, en vertus... et qu'ajoute-t-il? en amitié. Ah! vous sentirez le prix de ce sublime et touchant hommage! Quel sacrifice! et quel éloge, si l'ami qui le donnait ne l'eût pas démenti lui-même, en se montrant assez noble, assez tendre, assez délicat pour le donner!

Tel fut en amitié cet homme qui, doué de talens supérieurs, doit encore, après deux siècles, une partie de sa gloire à ses généreuses affections:

(*a*) Qu'on ne m'accuse pas d'exagération. Un seul fait suffirait pour me disculper. Près de vingt ans s'étaient écoulés depuis la mort de cet ami si cher. Montaigne était alors à Rome. *écrivant*, dit-il, *à M. Dossat, je tombai en un pensement si terrible de M. de La Boëtie, et y fus si long-temps sans me raviser, que cela me fit grand mal:* paroles simples et touchantes, qu'on ne peut lire sans partager l'émotion qui les a dictées!

ce fils toujours prosterné devant la mémoire de son père ; conservant ses meubles gothiques, parce qu'il les avait choisis ; s'enveloppant de son vieux manteau, *non par commodité, mais par délices, disant qu'il lui semblait s'envelopper de lui :* ce magistrat qui, le premier, écrivit avec éloquence contre la barbarie des lois : ce courtisan qui ne parut au pied du trône de Charles IX que pour renoncer aux espérances qui l'y avaient amené : ce gentilhomme qui, dans les discordes civiles et les guerres de religion, sembla n'embrasser la cause d'un parti, et n'adopter ses périls, que pour se donner le droit de condamner ses vengeances : ce philosophe qui, dans un siècle où l'argument sans réplique était « *le maître l'a dit (a),* » s'éleva par ses opinions, plus encore par son influence, au rang des libérateurs de l'esprit humain : ce contemporain de Ronsard, qui fut quelquefois dans l'art d'écrire, le modèle de La Bruyère et de Rousseau ; dans la philosophie, dans la morale, le guide ou le précurseur de Rousseau et de Montesquieu ; méritant qu'on dise de lui, ce qu'il a si bien dit d'Homère, que des génies éminens se sont enorgueillis de le prendre pour maître, et de puiser dans ses livres, comme dans une source abondante, de nobles sentimens et de vastes pensées.

(a) *Ipse dixit.*

NOTES

ET

DISSERTATIONS.

(1) *De l'objet de ce Discours, et du livre de Montaigne.*

En ouvrant autrefois ce livre, dont on ne m'avait donné que des idées assez superficielles pour être entièrement fausses, je me disais : Ce gentilhomme philosophe, après avoir long-temps vécu dans le monde, et joué son rôle même à la Cour, lassé enfin des affaires, et cherchant des plaisirs plus tranquilles, se retira dans son château. Le calme et l'oisiveté firent alors fermenter cette tête ardente et féconde. Pour donner un aliment à son imagination, il se livra d'abord à la lecture ; et, la lecture ne suffisant plus à l'activité de son esprit, sans doute même ajoutant à la fermentation de ses idées, il se mit à dicter, par passe-temps, ces chapitres sans ordre et sans suite, qui ne sont que *des souvenirs*. Tel était donc, en dernier résultat, l'ouvrage que j'allais lire ; les souvenirs d'un désœuvré qui ne manquait pas d'esprit.

Je ne tardai pas à m'apercevoir combien j'avais manqué moi-même de prudence, en me laissant prévenir par l'Opinion, sur le compte d'un écrivain qui en a si bien fait voir *l'inanité et la folie*. Ces *souvenirs* sans ordre, et dictés au hasard, étaient devenus à mes yeux un vaste recueil d'observations, d'expériences morales. Ramené, par ma méprise, à la circonspection qui m'en aurait préservé, je revins sur mes pas, pour explorer ma route; bien résolu, cette fois, à ne plus m'aventurer dans des pays inconnus. Ainsi, toujours sur mes gardes, je suivais avec l'attention du doute et de la curiosité, la marche hardie d'un guide dont l'imagination capricieuse cherche les sentiers détournés, et se plaît, dans ces détours, à faire perdre sa trace à *l'indiligent* voyageur. Oh ! qu'il a bien raison de dire : « Toujours *ondoyant et divers*, je me laisse *rouler au* « *vent !* » A chaque nouveau pas que nous faisions ensemble, je croyais faire un bond ou un écart. Mais c'était moi, disait-il, qui méconnaissais la route. A chaque nouveau sentier qu'il enfilait *de prime-saut*, je l'entendais répéter : « *Je serai toujours sur mon chemin.* » « *Je ne traite que de moi*, poursuivait-il, *je me tourne et* « *me roule en moi* : et je me suis pris moi-même *pour* « *argument et pour sujet*, par une raison fort simple ; « c'est que je suis *dépourvu de toute autre sorte de ma-* « *tières.* »

Quel ne fut donc pas mon étonnement, quand je le vis aborder avec une familiarité confiante les questions les plus élevées ; c'est dire assez les plus périlleuses ! La religion, la morale, les gouvernemens et les lois, tout se rencontrait sur son passage ; et *il éclairait* tout en passant : *il donnait sa première charge dans le fort de la dispute et du doute*, comme celui qui, dès long-temps, a pénétré le fond des objets : il abandonnait la question, pour la reprendre, et l'abandonner encore ; comme nous quittons un voisin avec qui nous vivons

dans un commerce intime, sûrs de le retrouver quand
bon nous semblera.

Quoi ! l'écrivain qui répand tant de lumières nouvelles
sur les points les plus cachés des questions les plus profondes ; qui paraît les éclaircir dès qu'il en approche,
en passant, le flambeau de son expérience ; qui les agite
en tout sens, et les approfondit encore, lorsqu'il re-
nonce à les résoudre, lors même qu'il se plaît à les
rendre insolubles, à les ensevelir sous le nombre et sous
le poids des difficultés ; l'écrivain qui expose, discute,
adopte ou combat les opinions de tous les philosophes
de l'antiquité, est-il donc si *dépourvu* d'instruction et
de matière, que, prenant, en vieillissant, la manie un
peu tardive d'écrire, il soit forcé, pour faire un livre,
d'en devenir *le sujet ?* Ne verra-t-on en lui qu'un homme
du monde qui, par un nouveau genre de bonne fortune, se trouve, *à cinquante ans*, philosophe, comme
Francaleu se trouva poète, sans avoir appris à le devenir, sans que rien, dans sa vie passée, ait concouru à
le rendre tel ? Doit-on se le figurer improvisant ses opinions, et faisant de la morale dans une tour de son
château, comme M. Jourdain *faisait de la prose ?*

Ces questions, depuis long-temps, avaient cessé d'en
être pour moi. Chaque page du philosophe, qui m'avait
appris lui-même à le méditer, m'en suggérait de bien
différentes. Ce qui me frappait le plus, c'était de le voir
toujours, quels que fussent les sujets qu'il entreprenait
de traiter, les considérer dans leurs rapports avec ses
impressions personnelles, et, remontant d'anneaux en
anneaux la chaîne de ses études morales ou de ses observations, interroger sur chaque objet l'expérience de
sa vie entière.

Ces impressions reçues et conservées pendant le cours de tant d'années ; ces observations personnelles sur des objets si nombreux et si divers, combien n'avait-il pas fallu d'événemens analogues pour les faire naître ou les suggérer, de circonstances frappantes pour les fixer à jamais dans une mémoire incertaine, de réflexions persévérantes pour les disposer avec ordre dans une imagination vagabonde, qui se les retrace à volonté ?

Ce fut encore dans Montaigne que je cherchai la réponse à ces nouvelles questions. En observant les rapports qui semblaient unir à-la-fois sa doctrine à ses impressions, ses impressions aux circonstances dont il était environné, je vis, ou je crus voir que les principaux objets, non pas effleurés comme tant d'autres, mais approfondis dans l'ouvrage où il n'aspirait qu'à se peindre, correspondaient exactement aux principales époques de sa vie : et ce fut alors que je compris ce qu'il avait voulu dire en affirmant tant de fois, *qu'on le reconnaît dans son livre, comme on reconnaît son livre dans lui.*

Quand je l'ai relu depuis, à différens intervalles, le même rapprochement s'est toujours offert à moi. Et lorsque, avec le projet de tracer le plan de cet Eloge, je cherchai à réunir, à coordonner entre eux les principes les plus féconds de la philosophie de Montaigne, je crus pouvoir rétablir l'ordre dans lequel ils dûrent s'offrir à sa pensée ; montrer comment l'expérience, cette *éducation des choses* (*), les avait tour-à-tour fait naître dans sa conscience et dans sa raison ; et (puisqu'il

---

(*) Emile, livre I.

est sur-tout admirable par sa profonde connaissance des hommes), apprendre, par son exemple, quelle est ou quelle devrait être la marche de l'esprit humain dans l'étude de l'homme-moral.

Lui seul fut encore mon guide. Ne voulant rien donner à mes conjectures, je les confrontai d'abord avec ses révélations, qui les changèrent en certitude. Je ne fus plus embarrassé que du grand nombre de traits qui, dans le tableau de sa vie, m'offraient l'histoire de ses pensées ; et, persuadé qu'on pouvait le suivre dans toute l'étendue de sa double carrière, sans perdre un seul instant de vue ses propres renseignemens, il me parut que son Éloge, puisé tout entier dans lui-même, pourrait ainsi devenir l'une de ses plus utiles leçons.

On m'avait donné, sur son style ou sur son talent d'écrire, les mêmes préventions que sur sa morale et sur son talent d'observer. Il était devenu écrivain comme philosophe, c'est-à-dire, il s'était trouvé tel sans le devenir. Plaisante fantaisie, d'imaginer que le premier écrivain de son siècle comptait pour rien l'art d'écrire, et ne l'avait point appris ! Il affirme, j'en conviens, qu'il est *moins faiseur de livres que de toute autre besogne;* mais il faut avoir une bien grande idée de ses actions, ou une foi bien robuste en ses paroles, pour en rien croire après l'avoir lu. Que d'idées neuves et piquantes ne s'était-il pas formées de cet art, auquel il revient si souvent, et avec tant de complaisance? Que de combinaisons ingénieuses ne laisse-t-il pas apercevoir dans ses irrégularités mêmes? Que de fois il interrompt ses *gaillardes escapades* pour nous en avertir par amour-propre, nous prouver que s'il s'égare, c'est sur les traces des anciens, dont il invoque l'exemple ; nous montrer le fil caché qui le dirigeait à notre insu ; s'applaudir de notre surprise , et nous forcer à reconnaître , sous ces apparences de hasard , un dessein formel et prémédité !

Mais ces observations nous meneraient trop loin. Bornons-nous (cela suffit) à rétablir quelques faits. Né avec le goût de l'instruction et des plaisirs de l'esprit, Montaigne , jeune encore, trouve dans un ami , plus âgé que lui de quelques années , ce même goût développé par des études plus suivies, devenu par l'habitude un besoin et une passion. Les deux amis se confient leurs essais, s'éclairent par des conseils réciproques : la morale et la politique , l'éloquence et la poésie , sont les sujets ordinaires de leurs fréquens entretiens , ou plutôt *de leurs conférences.* La Boëtie fait des vers qui ne valent pas grand'chose, et il les publie ; Montaigne en fait qui *ne valent rien* , et ne les publie point. La Boëtie meurt à trente ans, après avoir écrit quelques pages où l'on ne peut méconnaître une ame forte , un noble et grand caractère, un génie plein de vigueur. Cinq ans après sa mort (1568), Montaigne s'annonce dans les lettres par une traduction de Raimond de Sébonde : trois ans plus tard, il imprime les œuvres posthumes de son ami (1571) ; il les enrichit de préfaces , de lettres familières, et d'épîtres dédicatoires. Les deux premiers livres des Essais paraissent en 1580 , douze ans après la traduction de la Théologie de Sébonde ; et huit autres années s'écoulent avant la publication du troisième livre, en 1588.

Voilà donc , de compte fait , dans une vie de cinquante-neuf ans , vingt années d'employées, en tout ou en partie, à des compositions littéraires. Encore tout ce calcul est-il grossièrement fautif, puisqu'il ne comprend que l'espace renfermé entre l'impression du dernier *livre* de Montaigne (qui l'a retouché depuis, enrichi d'additions importantes, de nombreuses (*) corrections), et l'apparition du premier ouvrage, ou plutôt de la traduction qui le fit d'abord connaître. Si l'on remontait au moment où cette traduction fut commencée, on se trouverait ramené à l'époque de ses liaisons avec la Boëtie ; et, pendant sa vie entière, on le verrait se livrer, avec plus ou moins de suite et d'ardeur, à ces études constantes qui font les bons écrivains. Comme il arrive à tous ceux qui cultivent les lettres, d'autres occupations sans doute l'en ont éloigné quelquefois ; mais on l'y voit toujours revenir dès que ces occupations momentanées cessent, ou plutôt on voit qu'en aucun temps, ni les distractions ni les affaires ne l'ont entièrement séparé de ce premier objet de ses affections.

Un nouveau rapprochement servira de commentaire à ce qui précède. *Les Essais* de Montaigne ont fait sa renommée : on a oublié tout le reste. Quand il publia ses premiers *livres*, il avait quarante-sept ans. Si Rousseau, qui, comme lui, n'a produit ses vrais titres de gloire qu'après sa quarantième année, avait paru dans le siècle de Montaigne, une tradition constante ne nous aurait point expliqué ce qu'il y avait de prodigieux dans ces

---

(*) On a déjà remarqué dans l'excellente édition des *Essais* imprimée chez MM. Didot, que ces corrections nombreuses, et qui devaient être si fatigantes pour un homme du caractère de Montaigne, prouvent assez qu'il n'avait point, sur la perfection de son style, cette indifférence plus que philosophique dont il s'est vanté quelquefois.

débuts si tardifs et devenus si célèbres : l'écrivain qui réunit le plus souvent toutes les perfections de l'art d'écrire, semblerait avoir deviné cet art, en formant le projet d'en faire usage. Plus j'y réfléchis, plus il me semble que ce rapprochement explique tout. Ces réflexions, et d'autres encore qu'il serait trop long de rapporter, m'avaient inspiré la pensée de joindre au tableau des études philosophiques de Montaigne un tableau de ses études littéraires. Mais ne trouvant pas chez lui, pour cette partie de son histoire, les mêmes renseignemens que pour la première, je n'ai pas voulu courir le risque de n'en faire que le roman. On me trouvera bien scrupuleux peut-être ; on me dira que, de temps immémorial, le droit des historiens fut de se créer des systêmes. Mais serait-il décent qu'un panégyriste s'exposât à mentir comme un historien ?

(2) *La destinée, plutôt que son inclination, nous le fait voir d'abord assis parmi les interprètes des lois.* Page 13.

Je voudrais pouvoir dire seulement leurs organes ; car interpréter la loi c'est la détruire, et le ministre en devient le tyran dès qu'il cesse d'en être l'esclave. Mais quand des lois sans nombre se contredisent ; quand les contradictions des lois rendent les commentateurs nécessaires, et donnent aux commentaires force de loi, que faire alors ? ce qu'on fit d'ordinaire en pareil cas ; ce que faisait, plus franchement et plus plaisamment que les autres, ce magistrat, savant homme d'ailleurs, qui, s'il trouvait dans ses auteurs une matière obscure et fort controversée, un point douteux, par exemple, sur lequel Barthole dît *oui* et Báldus répondît *non*, écrivait à la marge du livre : « question pour l'ami » ; c'est-à-dire que la justice se trouvait là si ambiguë, qu'il pouvait, lui magistrat intègre, favoriser, sans faillir, celle des deux parties que bon lui semblerait, et se prononcer, en conscience, pour ou contre, amicalement.

Montaigne, qui raconte le fait, n'ajoute que cette remarque : « *Il ne tenait qu'à faute d'esprit et d'habileté* « *que* le bon homme *ne pût mettre par-tout, question pour* « *l'ami* (*). » Pour moi, je n'ajouterai rien à la remarque de Montaigne ; car, puisqu'il n'est pas douteux qu'il y a toujours eu d'habiles gens dans les corps de magistrature, il s'ensuit que ces corps-là devaient, en sûreté de conscience, rendre beaucoup de jugemens à la marge desquels le crayon peu discret du magistrat aux apostilles aurait pu mettre, non plus *question*, mais bien, *arrêt pour l'ami*. Je laisse au lecteur le soin de tirer les conséquences.

Montaigne, bien placé pour voir le mal, puisqu'il était forcé d'y concourir, en a cherché le remède. Il voudrait qu'en franche et loyale justice, on trouvât une *forme d'arrêt qui dît : « La cour n'y entend rien.* » — Bon Montaigne ! que devient ici votre connaissance des hommes ? La formule est excellente en soi ; mais savez-vous ce qui y manque ? c'est qu'il se trouve aussi des juges qui consentent à l'employer.

Quel était donc ce remède qu'il a vainement cherché ?

(*) Livre II, chapitre 12.

la promulgation d'un code de lois uniformes et natio-
nales ; bienfait imploré long-temps, et dont la France
n'a joui que de nos jours. — Je suis loin , d'ailleurs, de
m'élever contre l'ancienne magistrature française, illus-
trée par les L'Hôpital, les Molé, les Séguier, les La-
moignon, les d'Aguesseau, les Malesherbes : j'ai voulu
seulement prouver avec quelle sagacité Montaigne avait
su découvrir et caractériser les vices d'une jurisprudence
incohérente, que chacun de ces hommes célèbres a
plus ou moins concouru à réformer. L'Hôpital, chancelier
sous Charles IX, fut l'ami de notre philosophe. Tous les
autres magistrats dont je viens de citer les noms, dans un
ordre chronologique, n'ont paru que sous les règnes
suivans.

---

(3) *Aussi combien n'a-t-il pas vu de condamnations plus criminelles que le crime !* etc.
Page 17.

« Considérez la forme de cette justice qui nous régit ;
c'est un vrai témoignage de l'humaine imbécillité , tant
il y a de contradiction et d'erreur ! Ce que nous trouvons
faveur et rigueur en la justice, et y en trouvons tant ,
que je ne sais si l'entre-deux s'y trouve si souvent, ce
sont parties maladives, et membres injustes du corps
même et essence de la justice. Des païsans viennent de
m'avertir en hâte qu'ils ont laissé présentement en une
forêt qui est à moi , un homme meurtri de cent coups,
qui respire encore, et qui leur a demandé de l'eau par
pitié, et du secours pour le soulever : disent qu'ils n'ont
osé l'approcher, et s'en sont fuis, de peur que les gens

de la justice ne les y attrapassent, et, comme il se fait de ceux qu'on rencontre près d'un homme tué, ils n'eussent à rendre compte de cet accident, à leur totale ruïne; n'ayant ni suffisance, ni argent, pour défendre leur innocence. Que leur eussé-je dit? il est certain que cet office d'humanité les eût mis en peine. Combien avons-nous découvert d'innocens avoir été punis, je dis sans la coulpe des juges; et combien y en a-t-il que nous n'avons pas découverts? Ceci est advenu de mon temps : certains sont condamnés à la mort pour un homicide; l'arrêt, sinon prononcé, au moins conclu et arrêté. Sur ce point, les juges sont avertis, par les officiers d'une cour subalterne voisine, qu'ils tiennent quelques prisonniers lesquels avouent disertement cet homicide, et apportent à tout ce fait une lumière indubitable. On délibère si pourtant on doit interrompre et différer l'exécution de l'arrêt donné contre les premiers : on considère la nouvelleté de l'exemple, et sa conséquence pour accrocher les jugemens; que la condamnation est juridiquement passée; les juges privés de repentance. Somme, ces pauvres diables sont sacrifiés aux formules de la justice. — Philippus, ou quelque autre, pourvut à un pareil inconvénient, en cette manière : il avait condamné en grosses amendes un homme envers un autre, par un jugement résolu. La vérité se découvrant quelque temps après, il se trouva qu'il avait iniquement jugé. D'un côté était la raison de la cause; de l'autre côté, la raison des formes judiciaires : il satisfit aucunement à toutes les deux, laissant en son état la sentence, et récompensant, de sa bourse, l'intérêt du condamné. Mais il avait affaire à un accident réparable : les miens furent pendus irréparablement.

Combien ai-je vu de condamnations plus crimineuses que le crime !....

Notre justice ne nous présente que l'une de ses mains, et encore la gauche ; quiconque il soit, il en sort avec perte....

Les lois se maintiennent en crédit, non parce qu'elles sont justes, mais parce qu'elles sont lois : c'est le fondement mystique de leur autorité, elles n'en ont point d'autre ; qui bien leur sert. Elles sont souvent faites par des sots ; plus souvent par des gens qui, en haine d'égalité, ont faute d'équité ; mais toujours par des hommes, auteurs vains et irrésolus. Il n'est rien si lourdement et largement faultier que les lois, ni si ordinairement. Quiconque leur obéit parce qu'elles sont justes, ne leur obéit pas justement par où il doit. Les nôtres françaises prêtent aucunement la main, par leur déréglement et déformité, au désordre et corruption qui se voit en leur dispensation et exécution : le commandement est si trouble et inconstant, qu'il excuse aucunement et la désobéissance et le vice de l'interprétation, de l'administration et de l'observation. »

(Essais de Montaigne, liv. III, chap. 13.)

-----

(4) ..... Tandis que tous les châteaux s'environnaient de fossés et se hérissaient de fer comme des forts élevés dans une place frontière ; il vivait, lui, tranquille et désarmé, dans la maison de ses pères, etc. Page 28.

« Elle n'est close à personne, dit-il, liv. 2, chap. 15. Il n'y a pour toute défense qu'un portier, d'ancien usage et cérémonie, qui ne sert pas tant à défendre ma porte, qu'à l'offrir plus décemment et gracieusement ; je n'ai ni garde ni sentinelle que celle que les astres font pour moi............ Ce que tant de maisons gardées se sont perdues, où cette-ci dure, me fait soupçonner qu'elles se sont perdues de ce qu'elles étaient gardées ; cela donne et l'envie et la raison à l'assaillant : toute garde porte visage de guerre. Qui se jettera, si Dieu veut, chez moi ; mais tant y a, que je ne l'y appellerai pas : c'est la retraite à me reposér des guerres. J'essaie de soustraire ce coin à la tempête publique, comme je fais un autre coin en mon ame. Notre guerre a beau changer de formes, se multiplier et diversifier en nouveaux partis : pour moi je ne bouge. Entre tant de maisons armées, moi seul, que je sache, en France, de ma condition, ai fié purement au ciel la protection de la mienne ; et n'en ai jamais ôté ni cuilliers d'argent, ni titre, ni tapisserie. Je ne veux ni me perdre, ni me sauver à demi. Si une pleine reconnaissance acquiert la faveur divine, elle me durera jusqu'au bout ; sinon, j'ai toujours assez duré pour rendre ma durée remarquable et enregîtrable. Comment ? il y a bien trente ans ».

------

(5) *Des assassins entrèrent chez lui après avoir promis sa téte*, etc. Page 29.

Quelqu'un, que Montaigne ne nomme pas, avait délibéré, dit-il, de le surprendre. « Son art fut d'arriver seul à ma porte, poursuit-il, et d'en presser un peu

instamment l'entrée. Je le connaissais de nom ; et avais occasion de me fier de lui, comme de mon voisin et aucunement mon allié : je lui fis ouvrir, comme je fais à chacun. Le voici tout effrayé, son cheval hors d'haleine, fort harassé. Il m'entretint de cette fable : qu'il venait d'être rencontré par l'ennemi.... et qu'ayant été surpris en désarroi, et plus faible en nombre, il s'était jetté à ma porte à sauveté ; qu'il était en grand' peine de ses gents, lesquels il disait tenir pour morts ou pris ». J'essayai tout naïvement de le conforter, assurer et refrêchir. Tantôt après, voilà quatre ou cinq de ses soldats qui se présentent, en même contenance et effroi, pour entrer ; et puis d'autres, et d'autres encore après, bien équipés et bien armés, jusques à vingt-cinq ou trente, feignans avoir leur ennemi aux talons. Ce mystère commençait à tâter ma soupçon ; je n'ignorais pas en quel siècle je vivais, combien ma maison pouvait être enviée ; et avais plusieurs exemples d'autres de ma connaissance à qui il était mésadvenu de même. Tant y a, que, trouvant qu'il n'y avait point d'acquêt d'avoir commencé à faire plaisir, si je n'achevais, et ne pouvant me défaire sans tout rompre, je me laissai aller au parti le plus naturel et le plus simple, comme je fais toujours, commandant qu'ils entrassent.......
. . . .
Ceux-ci se teinrent à cheval, dans ma cour ; le chef avec moi en ma salle, qui n'avait voulu qu'on établât son cheval, disant avoir à se retirer incontinent qu'il aurait eu nouvelles de ses hommes. Il se vit maître de son entreprise ; et n'y restait sur ce point que l'exécution. Souvent depuis il a dit, car il ne craignait pas de faire ce conte, que mon visage et ma franchise lui

avaient arraché la trahison des poings. Il remonta à cheval, ses gens ayant continuellement les yeux sur lui, pour voir quel signe il leur donnerait, bien étonnés de le voir sortir, et abandonner son avantage. »

(Montaigne, liv. III, chap. 12.)

~~~~~~~~~~~

(6) *Et il publie avec effroi que la nature elle-même lui semble porter l'homme à l'inhumanité.* Page 3o.

Cette malheureuse opinion qui perce en plus d'un endroit de l'ouvrage de Montaigne, est sur-tout formellement énoncée dans ce passage du livre 2, ch. 11 : « *Nature a, ce crains-je, elle-même attaché à l'homme quelque* INSTINCT *à l'inhumanité* ». Quelle crainte pour un moraliste ! et sur-quoi fondée ? le voici : *Nul ne prend son ébat à voir des bêtes s'entrejouer et caresser, et nul ne faut de le prendre à les voir s'entredéchirer et démembrer.* On pourrait d'abord réclamer contre la manière tranchante et absolue dont cette observation est exprimée. Loin de trouver, pour mon compte, aucun plaisir à repaître mes yeux d'un si dégoûtant spectacle, j'en ai toujours été affecté d'une manière pénible, et très-certainement je ne suis pas le seul. Mais je veux que l'observation soit d'une justesse évidente ; je dirai plus, je consens qu'elle soit, sans aucun doute, d'une application universelle, et n'admette pas d'exception ; tout cela supposé, que prouve-t-elle encore si cet *ébat que l'on prend*, suivant l'expression de Montaigne, n'est point, comme il l'a cru, l'effet d'un penchant naturel à la
~~~~~~~~~~~

crúauté, mais une suite nécessaire de ce besoin de mouvemens et d'émotions donné par la nature à tous les
êtres sensibles? C'est ce besoin, que chacun de nous
éprouve, qui nous fait aller aux spectacles frémir de
terreur, ou verser des larmes de pitié; qui fait courir
un peuple aux combats de ses coqs et de ses boxeurs,
un autre à ses combats de taureaux. Pour satisfaire ce
besoin, pour goûter le plaisir de ces émotions qui
soulagent du poids de la vie, en donnant un sentiment
plus vif de l'existence, il suffit aux uns des jeux de
hasard ou des liqueurs enivrantes : il faut à d'autres
du sang et des spectacles de gladiateurs. Les objets de
la passion varient ; mais c'est du principe qu'il s'agit ;
et ce principe est toujours le même.

Qu'on y réfléchisse un moment ; le sujet en vaut bien
la peine ; on verra que cette explication n'est pas seulement plus sociale, et plus honorable à l'humanité, que
celle de Montaigne, adoptée et commentée depuis par
d'autres écrivains, mais que, tout intérêt de morale à
part, elle est plus naturelle, plus vraie, plus conforme
à l'observation.

Il dit encore, liv. 3, ch. 1er, *de l'utile et de l'honnête :*
« *Notre être est cimenté* de qualités maladives : l'ambition,
la jalousie, l'envie, la vengeance, la superstition, le
désespoir, logent en nous *d'une si naturelle possession,*
que l'image s'en reconnaît aussi aux bêtes ; *voire et la
cruauté, vice si dénaturé,* car, *au milieu de la compassion,*
nous sentons au-dedans je ne sais quelle aigre-douce
pointe *de volupté* maligne *à voir souffrir autrui,* et les
enfans la sentent ». Comment donc *un sentiment si dénaturé* pourrait-il *loger en nous d'une possession si natu-*

relle? N'y aurait-il pas ici contradiction dans les idées aussi bien que dans les termes? Montaigne n'a pu méconnaître entièrement ce noble instinct de commisération; mais quel étrange cortége il lui donne! Ne veut-il pas qu'à l'instant même où nous compatissons aux souffrances d'autrui, nous en ressentions dans l'ame une douce et maligne joie! N'y aurait-il pas ici contradiction dans les termes aussi bien que dans les idées?

Quand *les angoisses d'autrui*, comme il le raconte ailleurs, *l'angoissent matériellement lui-même*, y trouve-t-il de la volupté? Il y a, cette fois, contradiction entre ses sentimens et sa doctrine. C'est à ce dernier passage et à quelques autres, plus positifs encore peut-être, qu'on fait allusion dans le texte, lorsqu'on dit que *ce noble instinct qu'avait méconnu sa raison, il l'a retrouvé dans son ame.*

Que le cœur de l'homme soit susceptible de recevoir le germe de tous les vices, même de la cruauté, *vice si dénaturé* d'après Montaigne lui-même, c'est ce qu'il est malheureusement impossible de nier. Mais que le sentiment de la pitié, que ce pur mouvement de commisération, antérieur à la réflexion, indépendant de la volonté même, ne soit pas le premier, le plus intime, le plus indestructible et le plus fort des sentimens naturels; que ce mot de Bossuet : quand *le ciel forma le cœur et les entrailles de l'homme, il y mit d'abord la bonté;* que cette image sublime, que le grand principe qu'elle renferme, ne soient qu'une fiction, un mensonge oratoire; c'est ce qu'on ne peut soutenir sans calomnier la nature humaine, et sans réduire en problême tout instinct d'une morale naturelle, indépendante de l'opinion, et commune à tous les hommes, par cela seul que l'homme est un être sensible.

> .... Mollissima corda
> Humano generi dare se natura fatetur,
> Quæ lacrymas dedit.

(7) *Sa vanité.... Elle le porte à se vanter de la faiblesse de sa mémoire, et, ce qui est plus piquant, de sa gravelle, attendu, vous dira-t-il.... que c'est une maladie noble dans son espèce, et qui n'échoit d'ordinaire en partage qu'aux personnes de qualité,* etc. Page 36.

Voici, entre autres, quelques traits de ce singulier panégyrique : .... « Je vois par-tout des personnes affligées de même nature de mal. Et *m'en est la société honorable, d'autant qu'il se prend volontiers aux grands : son essence a de la noblesse et de la dignité...... La crainte et pitié que le peuple a de ce mal me sert de matière de gloire.... Il y a plaisir à ouïr dire de soi : « Voilà bien de la force ; voilà bien de la patience!* etc. »

Il faudrait ne voir dans tout cela qu'un jeu d'esprit, une espèce de gageure, si l'on n'était d'ailleurs autoxisé, par d'autres passages, à juger plus sérieusement de l'intention de l'auteur, lors même qu'il se joue et qu'il plaisante. Ces passages, fort nombreux, sont aussi fort décisifs : le *Journal de ses voyages* en fourmille ; aucun livre des *Essais* n'en est exempt. Je vais en citer un très-remarquable, et qu'on n'a pas, je crois, remarqué. Livre 3 , chap. 9, Montaigne nous fait confidence de sa passion pour les voyages; passion telle, qu'il consentirait, dit-il, à *passer sa vie le cul sur la selle*. Il se donne ensuite un contradicteur; et nous allons voir pourquoi. « Navez-vous pas, lui fait-il répondre, des « passe-temps plus aisés ? De quoi avez-vous faute ? « Votre maison n'est-elle pas en bel air et sain , suffi-« samment fournie , et capable plus que suffisamment ? « *La majesté royale y a pu, plus d'une fois, en sa pompe* ».

Le tour est adroit de se le faire dire. Il y fallait un second. Tout cet éloge de son château qu'il nomme *ici*, et non ailleurs, très-modestement sa maison, n'y viendrait-il pas, *ex abrupto*, uniquement pour nous apprendre que cette maison si modeste a *plusieurs fois* logé des têtes couronnées ? En ce cas, il faut l'avouer, l'humilité de l'expression y est d'assez bonne grace. Ce petit trait historique ne saurait être hors de place dans le chapitre *de la vanité*; et en effet, il s'y trouve.

Puisqu'en parlant de sa vanité, nous voici ramenés à ses voyages, jetons, en passant, un coup-d'œil sur ce *Journal* peu connu, que nous n'avons fait que citer : nous n'y verrons pas le philosophe dîner dans un village suisse, souper dans un bourg allemand, sans noter sur son *album* qu'on lui a offert le vin d'honneur. Si cet hommage était rendu à sa renommée littéraire, à ses qualités sociales, passe encore; mais il ne se donne lui-même et on ne le prend que pour un *gentilhomme de marque ;* titre dont il avait déja gratifié Xénophon, qui très-probablement n'eût pas senti le prix d'un si magnifique éloge.

Arrive-t-il à Augsbourg ? il se tait à dessein sur sa qualité : on ne sait quel titre donner à ce mystérieux et grave personnage ; *quatorze grands vaisseaux de vin* présentés à sa seigneurie par *sept sergens vêtus de livrées, et un honorable officier de ville*, prouvent la haute idée que cet *incognito* avait donnée de lui à *MM. les Bourguemestres.*

Dans les hôtelleries où il loge, son premier soin est de faire *dorer et blazonner ses armes avec de belles et vives couleurs ;* puis il les encadre, et les cloue sur la cheminée de sa chambre, exigeant de son hôte *serment* qu'elles n'en seront point détachées. C'est ce qu'il fait sur-tout à Pise avec une attention et un sérieux qui ne laissent pas que d'être risibles.

Le voilà maintenant à Lorette. Il y voit *le cierge d'un Turc* qui, se trouvant en grand péril, voulut *s'aider de toutes sortes de cordes ;* mais ce n'est pas ce qui l'occupe : parmi les riches présens, *les ex-voto de tant de princes*, il voudrait bien obtenir de placer lui-même un *ex-voto.* Enfin, *à toute peine*, et par *grande faveur*, il parvient *à y loger un tableau de quatre figures d'argent, celle de Notre-Dame, la sienne, celles de sa femme et de sa fille ;* le tout accompagné d'inscriptions, ou de notes explicatives qui portent son nom, sa qualité ; de plus, qu'il est né en *Gascogne : Quod erat demonstratum.* N'oublions pas qu'avant tout, ayant communié dans la chapelle, il a grand soin d'ajouter, *ce qui ne se permet pas à tous*, et semble un peu s'applaudir *d'avoir fait ses pâques* par privilége.

Concluons, pour abréger, que les défenseurs de Montaigne, accusé de vanité sur le seul témoignage de son livre, et si bien vengé par eux avant la publication du *Journal de ses voyages*, ont dû éprouver quelque embarras lorsque ce *Journal* a paru, et ne pas y voir

sans surprise quel soin Montaigne lui-même avait mis
d'avance à les combattre; sur-tout avec quel succès il
était parvenu à les réfuter.

(8) *On a souvent exprimé le regret que Montaigne
ait paru dans un tel siècle,* etc. Page 39.

On plaint Montaigne d'avoir écrit dans un temps où
notre langue était encore informe et stérile. Eh! qu'importe sa langue au philosophe qui dit, parce qu'il
l'éprouve, que quiconque a dans l'esprit une conception
vive et claire, la produira, s'il faut, en bergamasque,
ou par gestes s'il est muet (*)? On m'objectera que les
langues ne se bornent pas à exprimer nos idées, mais
qu'elles nous servent à les former, à les comparer, à
les éclaircir. Et qui vous dit que Montaigne ait pensé
dans une langue stérile? N'a-t-il pas, pour suppléer aux
richesses qui lui manquent, la langue de Virgile et
de Cicéron, qu'il apprit dès le berceau comme sa
langue maternelle? N'a-t-il pas celle du Tasse et de
Machiavel, dans laquelle est écrite en partie la relation
de ses voyages? Puisqu'on peut avoir des idées dans
tous les idiômes, tous ceux qu'il entend lui appartiennent; il n'est pas jusqu'au *Périgourdin* qui ne soit à
ses ordres, et qui ne l'aide à penser. N'a-t-il pas enfin
les mêmes secours pour exprimer ce qu'il pense? Il

(*) *De ma part, je tiens, et Socrate l'ordonne, que qui a dans l'esprit
une vive imagination et claire, il la produira, soit en bergamasque, soit
par mines, s'il est muet.* (Essais, liv. I, chap. 25.)

transporte dans la langue qu'il force à rendre ses idées,
le tour, l'expression ou l'image qui, dans une langue
étrangère, lui avait servi à les combiner. Ainsi donc
ce qui féconde la pensée de l'écrivain enrichit de même
sa langue.

***

(9) *Ses contemporains idolâtres rendaient aux
anciens un culte qui n'est dû qu'à la Divinité
qu'on adore sans la comprendre.... Page 46.*

Il ne s'agit, dans tout ce morceau, que des ouvrages
philosophiques des anciens. Or, la manière dont ces ouvrages étaient généralement expliqués dans les écoles du
temps, prouve assez bien, ce me semble, qu'on n'avait
pas mal réussi à leur donner l'obscurité des oracles. Je
dis *généralement*, car pour apprécier avec exactitude
l'esprit d'un siècle, pour le caractériser avec quelque
précision, il faut en séparer les hommes dont le génie,
supérieur aux idées de leurs contemporains, les a cons-
tamment devancés. Dieu me garde de penser que les
érudits, les vrais *savans* du XVIe et même du XVe siècle,
ne *comprenaient* pas ce qu'ils *adoraient*, c'est-à-dire les
anciens ! J'avancerais bien plutôt que sans eux, sans leurs
secours, nous ne les comprendrions pas nous-mêmes.
D'ailleurs, combien de chefs-d'œuvre leur zèle utile et
laborieux n'a-t-il pas découverts, ou du moins ne nous
a-t-il pas conservés ? S'il fut réellement une époque où
la foule des pédans les *adorait sans les comprendre;* si
une superstition stupide pour ce qu'on avait pensé autrefois semblait avoir fait oublier qu'il fût possible de

penser encore, la foule des beaux esprits et des talens frivoles a pris sa revanche à une autre époque ; elle a proscrit l'érudition, pour se dispenser de l'acquérir. Un Anglais aussi savant qu'ingénieux, le chevalier Temple, a sagement, et sur-tout spirituellement mis en doute si trop de lecture et de savoir ne pourraient pas *affaiblir les facultés inventives de l'homme que la nature a favorisé de ses dons.* Zélateur par intérêt d'une doctrine commode, chacun se croirait-il donc cet homme si éminemment favorisé ? Je ne sais ; mais il paraît que nous mettons, en général, une assez grande attention à ne point trop affaiblir nos *facultés inventives.*

(10) *Ce Dieu c'est la vérité, que l'ignorant croit savoir, mais que le savant ignore.* Page 47.

Chaque époque de l'histoire des sciences et de l'esprit humain offre des traits qui lui sont propres ; les déplacer serait les rendre faux. Les savans dont il s'agit n'avaient assurément rien de commun avec ceux qui depuis, soumettant la nature à l'observation et au calcul, ont expliqué ses lois, dévoilé ses secrets. Ils professaient les *entités* et les *identités*, les *eccéités* et les *virtualités* ; s'élevaient même quelquefois aux sublimes *vérités* de l'astrologie et de l'alchimie ; et, non-obstant les efforts de *cette inconnue nommée la raison, qui avait enfin entrepris d'entrer par violence dans les écoles*, ils enseignaient encore sous Louis XIV, que l'écorce de quinquina n'ayant jamais été pour rien dans les cures d'Hippocrate, s'il arrivait qu'elle guérît la fièvre, *ce ne pouvait être que par la vertu du pacte que les Américains avaient fait avec le diable.* Voilà un échantillon des vérités que *n'ignoraient pas* les savans.

~~~~~~~~~~

(11) *Utiles à la patrie s'ils parviennent à lui apprendre la mesure des vers de Plaute, ou l'orthographe d'un mot latin.* Page 47.

« Cettui-cy tout pittuiteux, chassieux et crasseux, que
« tu vois sortir après minuit d'une étude, penses-tu qu'il
« cherche parmi les livres, comment il se rendra plus
« homme de bien, plus content et plus sage ? Nulles
« nouvelles. Il y mourra, ou il apprendra à la postérité
« la mesure des vers de Plaute, et la vraie orthographe
« d'un mot latin. »

Portrait piquant, original, *fait d'humeur*, comme disent les peintres, qu'on croirait tracé par La Bruyère, et qui concourt à prouver, avec tant d'autres portraits et de peintures satiriques répandues dans *les Essais*, que l'auteur *des Caractères* ne s'est constitué le défenseur de Montaigne qu'après s'en être fait le disciple, en avoir étudié la *manière*, et s'être efforcé de l'égaler dans la vivacité du trait et la vigueur de l'expression.

FIN.
~~~~~~~~~~